ニッポン創生！
まち・ひと・しごと創りの総合戦略

〜一億総活躍社会を切り拓く〜

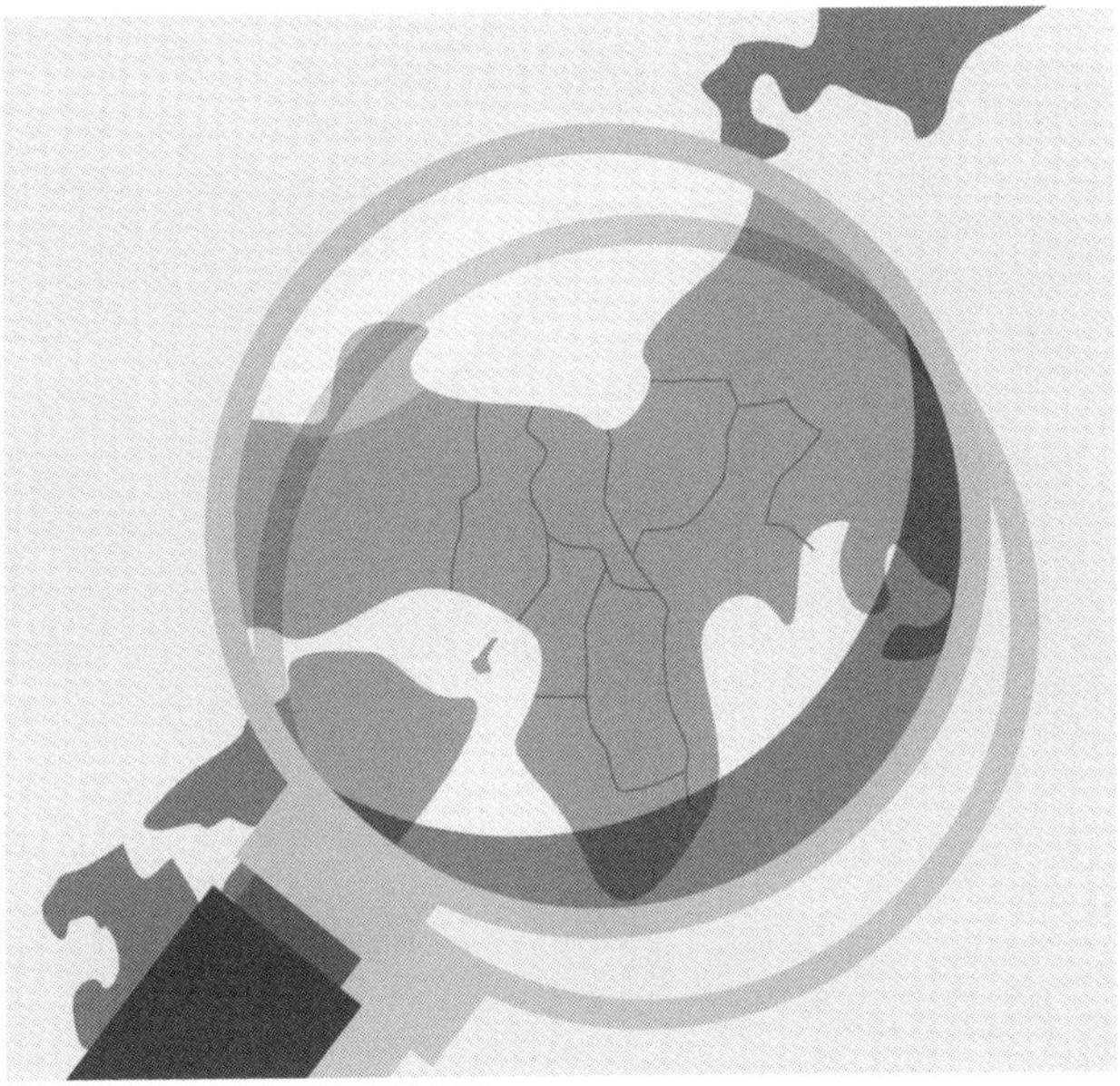

新井信裕 著

日本地域社会研究所　　コミュニティ・ブックス

はじめに

「カイゼン」を世界用語とし、「一万ドルクラブ」入りを果たし、目覚ましい成長を遂げた日本経済の栄光の陰で、都市集中と地域の過疎とがもたらした問題点が、バブルの崩壊で、一挙に表面化し、20年以上に及ぶ低迷に陥ったのは、高度成長に浮かれ、「政治が悪い、官公吏がだらしない」等と批判はするものの、どうすべきかを提言しない国民の怠慢に起因する不幸な出来事でした。

先進国の中で、最も早く少子高齢化社会に到達し、食糧防衛という旗印のもとで米価を吊り上げられ、設計ミスの年金を納付させられ、インフラ整備の名のもと、国土のコンクリート化を進め、先を読まない、その場限りの「バラマキ」の結果、宴の後に残されたのが、GDP（国民総生産）の2年分に及ぶ国債残高であり、先進国のワーストモデルとなってしまったのです。

このため、国民は長く続いた政権党を見限り、交代させましたが、むしろバラマキを増大させ、将来不安を増幅させることに気付いて、3年有余で再び政権党を元に戻す賢明な選択を行い、政策改革に真剣に取り組んでいます。

その動機となったのは、小選挙区制度への移行により、政権党の派閥と産業界の70年に及ぶ癒着が漸く終焉し、日本経済は国民へのバラマキ迎合から先行投資へと革新を遂げ、国内経済の安定と世界経済への貢献を果たすことのできる明るい展望が開ける状況へと進化を遂げたことでした。

派閥に牛耳られない従来の政策とは全く次元の異なる政策が、一強内閣により「産業競争力強化法」、「改正国家戦略特別地域法」、「まち・ひと・しごと創成法」、「一億総活躍社会の実現」と矢継ぎ早に政策を打ち出されました。

長年に亘る岩盤規制を改革し、内需を安定的に持続させるため、都市集中を抑制し、地域経済の成長を図って少子高齢化社会への対応策を国民に訴える画期的革新的政策が、採り上げられ、その成果に世界が注目しています。

そのために担い手となる「地域人財」の育成が喫緊の課題となり、少なくとも5年から10年程度の長期に亘り、地域の「ひと創り」を図り、その人財の活動が「まち創り」を実現し、それが「しごと創り」として結実し、地域経済の活性化を促す成果をもたらすものと期待されています。

このような地域主体の経済行動により、国民にとって豊かでゆとりが感じられる国家が築かれ、本物の安心・安全・安定社会が実現するものと指摘し、そのためにどう行動すべきかを3編に分け、提言することとしました。

30歳で日本の中小企業政策の活用に提言し、その成長の必要性を訴えて参りましたが、今や日本は先進国として、世界に羽ばたける中堅中小企業群を創出し、中央政府の主導する政策から、地域中小企業を育成し支援する地域人財により、活性化されるべき時代を迎えているものと考えなければなりません。

その結果、今後の中小企業政策は、地域に生まれ、地域に住み、地域を熟知したうえで、地域のために何をなすべきかに関係する多くの地域政界人、地域官公吏、地域産業人が、協創して安心・安全・安定した地域創りを目指して活動すべきであることを指摘し、多数の地域経済関係機関が自信と誇りを持ち、革新行動を実践することを望み提言することとします。

ここに地域政界人とは、地域を基盤とする国会議員・都道府県会議員・市区町村議会議員、地域官公吏とは、中央官庁出先機関所属国家公務員・地域公共団体関係公吏、地域産業人とは地域中堅企業経営者・中堅幹部・従業者、及び地域小規模企業構成者である自営事業主、家族従業員及びその就業者を指します。

先ず、第1編の「まち創り」に関しましては、日本の恵まれた経営資源に自信を持ち、住民が安心・安全・安定を実感できる生活環境を創るために、「改正特区」「コミュニティビジネス」をどのように活用すべきかを提言します。

第2編「ひと創り」は、本書において最も重点を置いた課題であり、求人側・求職者双方に職業意識の革新を求め、求職側には好きな仕事を選び楽しい学習により、豊かな人生設計を実現する先行教育投資に努めるよう求め、求人側にはその資質を活かすため的確な職業人就業環境を整備し、日本経済に寄与する人財とするよう求めることとします。

第3編「しごと創り」は、日本経済の強みを理解し、ニッチマーケットを構成する、主要ビジネスモデルであるコミュニティビジネス及びサービサイジングの担い手であるマイクロファーム経営に助言し、政府のめざす「1億総活躍社会」を実現して、国民が経済面と心理面の両面から、「成長と分配の好循環」を実感し、希望と潤いのある就業環境を実現できるように求めることとしました。

国民の物心両面の充足感を持続させるためには、経済の担い手である人財を、無機質の材料や機械と同一の「材」を用いる発想を抜本的に革新し、財産の「財」と位置付ける発想に基づいて、その育成を図り、国民の安心・安全・安定が実現できることを認識するよう、強く求めることとしました。

このように日本の政策が、多くの紆余曲折を経て公益民主主義国家として、画期的な地域政策革新期を迎えることとなったことの意義を明らかにするために本書を上梓するに至った、三つの動機について述べることとします。

第一に、日本経済を支えるインフラである中小企業の健全な育成に寄与したいと考えていた願望を、1966年に通産大臣登録の中小企業診断員試験に合格して実現し、中小企業の設備と経営の近代化に資する提言の一翼を担う機会を得て以来50年を経て、地域創生法、国家戦略特別区域法、産業競争力強化法等の本物の地域革新政策の実現に提言しなければならないと考えたことです。

第二に経営環境の変革に対応し、強い中小企業を創るために人財の強化に関し、1990年に会社経営見直しの知恵シリーズとして「中高年人事戦略」「一流企業ビジネスマンの危機」、2015年上梓した資金調達の円滑化を図る「中小企業再生術」を上梓していますが、その後の経営環境の進化との整合を図るべき時を迎えていると考えたことです。

これらはライフワークとして毎月、関東経済産業局認可のアイ・コンサルティング協同組合のニュースに掲載しました「発想転換用語」を集約したものであり今回も、経営環境の激変に対応する日本政府の地域革新政策の意義を高く評価し、そのあるべき方向に提言するためにまとめるに至ったものです。

第三に企業診断技術に関し「資格」ではなく「私格」として、その革新と向上とを図る組織を目指して創立した関東経済産業局認可のアイ・コンサルティング協同組合が二十年を迎えたことを記念する証として、中小企業診断士像を明らかとするためノウハウを共有できるテキストを作成することが必要となったことです。

これ等はライフワークとして毎月、協同組合のニュースに掲載してきました「発想転換用語」を集約したものであり、経営環境の激変に対応する日本政府の地域革新政策の意義を高く評価し、その目指す方向に関し、新たな視座から提言を盛り込むこととしました。

なお本書は、地域政策のあり方に関し、鋭い卓見を多数発表されている「日本地域社会研究所」社長落合英秋氏のご助言をいただき、同社の企画部長永井弘美中小企業診断士のご協力を得て、漸く完成したものであり、両氏に心から感謝申上げる次第です。

二〇一六年七月二一日　元社団法人中小企業診断協会会長

現アイ・コンサルティング協同組合代表理事　新井信裕

目次

第2編　ひと創り

第3編　しごと創り

第3章　しごと創りを展望し提言する …… 343

第1編　まち創り

日本の高度成長を支えた政策が、70年を経て構造的な経済環境変革に対応できず、制度疲労に陥っている状況を、抜本的に革新するために、政府が新たな政策として「まち・ひと・しごと創生法」（以下「創生法」と略称します）、「戦略的経済特別地域法」（以下「改正特区法」と略称します）、「一億総活躍社会の実現」等を発表し、21世紀の革新政策の実現をめざしています。

長い低迷から脱し、国民の「豊かな生活の場である地域創り」をめざす画期的な政策を打ち出したことを高く評価するよう促しています。

バラマキで、先送りされてきた地域政策を、中央政府のみでなく、地域共同体の自主性を尊重し、それを成し遂げるために、大胆な規制緩和と先行投資を敢行する日本の決意を、内外に示す意義ある宣言であり、第1編の「まち創り」では、日本の持つ経営資源の強みを明らかとし、改正特区、規制緩和を活用したコミュニティビジネスの強化について、提言することとします。

第１章　日本の経営資源に自信を持つ

日本を徘徊する悲観論の一つに、日本は「無資源国」だからダメだという誤った考え方が、はびこっていることに、メスを入れなければなりません。

日本は無資源国であり、海外から資源を買い、加工して輸出する「貿易立国」以外に、生きる術（すべ）はないとする見解は、常識となっているように受け止められていますが、それは一部を除き、当を得た見解とは言えません。

石油や石炭、鉄鉱石、非鉄金属、レアーアース（希土類）等だけが経営資源ではないことに注目して、誤った見解を是正する必要があります。

豊富な地下資源やエネルギー資源に恵まれていないことは、事実ですが、それだから日本に経営資源がないという悲観論は、偏見として修正すべきです。

また資源が存在したとしても、それを活用する企業が存在しなければ、国家を支える力とはなりません。

日本には「隠れた経営資源」が数多く存在しているのであり、これを活用する企業と、その構成員である人財が、国際競争力を高め、短期間で先進国の仲間入りを果たすことができたのであり、これこそ日本の経営資源なのです。

隠れた経営資源というのは、普通に考えれば経営資源といわれないような日本独特の経営資源を指すものであり、ここではその主なるものとして多量の降雨、狭い国土、長い海岸線、四季の変化、単一民族の五つの点を取り上げて、自信を持つように、訴えることとします。

多量の降雨の恵みがある

いうまでもなく、農業からハイテク産業まで、全ての産業は水資源なくして成り立たないのであり、「日本の大量の降雨こそ経営資源である」と公言し、水資源国であることに感謝し、自信を持つよう訴えなければなりません。

水の豊富な日本に住んでいれば、水があるのは当然のことであり、「水と空気はタダ」

は日本人の常識となっていて、日頃は人の命に係わる貴重な資源という意識は、全くないものといえるでしょう。

世界の陸地の年間平均降水量は９００ミリメートルであるのに対して、日本は１５００ミリメートルと１・７倍に達し、雨の恵みを受けて「水保有量」では世界の上位国に入っている、恵まれた水資源国なのです。

世界では「核保有国」として、軍事力の優位を示そうと、無益な軍拡競争が繰り返されていますが、生物の生命に不可欠な「水保有国」としての優位性こそ、日本の経営資源として、その恵みに感謝し、世界に誇るべきものです。

国民一人当たりの年間の水の配分量を「年間配賦水資源量」といい、水不足による危険ラインとされるのは、国民一人当たり１０００立方メートル程度とされています。

この結果、水の供給量が、年間国民一人当たり１０００立方メートルを割れば「水ストレス」に陥り、水を求めてパニックが起きる可能性が高まるといわれています。

これに対して、日本の年間配賦水資源量は、国民一人当たり３３００立方メートルであり、「水ストレス」に陥る危険ラインを３倍以上も上回っていて、水に恵まれた資源国であることは間違いありません。

ここに地球上の全生命の生存に、不可欠である水資源を持つことが、いかに幸運なことであるかを理解し、日本が大資源国であることを、再認識し自信を持つよう勧めなければなりません。

いかに石油が必須のエネルギーであっても、人類は水なくして生きられないのであり、水に恵まれた位置に国土が存在することを、高く評価し、感謝しなければなりません。

ところが降雨量が多いとしても、経営資源として、生活用水、工業用水、農林用水等に有効活用する知恵が働かなければ、資源の価値を享受できません。

海外駐在を経験した人たちが、「日本が世界に誇れるもの」の第一番目にあげるのは、「水道の蛇口から飲める水」と指摘しているのはその好例です。

毎日の生活の中で、水道水を飲むのを当たり前としているため、この恵みを忘れていますが、時折このことを意識する機会を持つことも必要です。

このように恵まれた立場にありながら、「バーチャルウオーター」(仮想水)といわれる食糧や工業製品の輸入により持ち込まれる水の量は年間690億立方メートルに達し、国民一人当たり600立方メートルにもなるといわれています。

日本は降水量と輸入の仮想水量とを合計すると年間国民一人当たり3900立方メートト

ルに達する水消費国であり、世界標準を４倍近く上回る、水に恵まれた国なのです。

その水は国土交通省が管掌し、「水循環基本法」に基づき、８月１日を「水の日」と定めていることは、意外に知られていません。

日本では、国民生活のライフラインとされる電気、水道、ガスは、公益事業として、私的営利事業と区分し、公共性を維持するため、投資とメンテナンスが、行き届き充実しています。

地方自治体等が、長期的視座から水の供給、下水の処理の予算を計上して管理し、中小水道工事業者がその配管・保全・維持を図る工事を担当して、おいしい安全な水道水が、飲める社会的仕組みを持っているのです。

給水・排水のための上下水道配管工事作業は、地域の地勢や地盤状況を熟知した専門技術を持つ中小水道業が担い、機動的にライフラインを築き、水道漏水率は世界主要都市の10％台に対し、東京は３％と最高水準とされています
いかに降雨量が多くとも、地盤沈下や地震により破壊された上下水道網を、迅速に復旧させる水道事業の存在なくして、水の安定供給は果たされません。

「水と安全はタダ」という国民の意識を改善し、生活用水の水資源産業技術を理解し、漏

水を防ぎ、水道水の節減に努めるとともに、日本の水道工事業が中小企業により堅持されていることを理解し、感謝しなければなりません。

日本は、豪雨による洪水・河川氾濫・土石流対策技術等において優れた治水技術開発を行い、自然との調和を図り、貯水ダム建設による水の需給バランスに努めて、豊かな水資源を活用できる体制を維持してきました。

また、水不足解消のための海水淡水化技術、生活排水・工業排水・飲用不適節水等の水資源再生技術、水質関連産業の技術開発も着々と進んできています。

今日においては世界的な水需要の増加により、そのマーケット規模は膨大なものと見込まれ、我が国の水関連技術が、インフラ（社会経済基盤）として技術輸出され、世界の水資源活用に寄与することが期待されています。

既に、国際競争力を持つ日本の水資源活用技術が世界各国に進出し、清潔な飲料水や利用可能な工業用水を供給し、現地のインフラとして寄与し、高い評価を得ています。

降雨によりもたらされる豊富な水資源を持ち、その高度利用を可能にする水資源活用技術を有する日本は、まさに世界に誇れる水資源国としての自信を持ち、水資源の活用技術を求める各国に、貢献すべき責務が課されているものと考えることができます。

狭い国土だから効率が上がる

狭い国土に一億二千数百万人が住む、超過密人口国だからということで、国土の狭さを卑下する必要はなく、国土の狭隘はデメリットであると同時に、メリットでもあることを理解し、胸を張るべきです。

考え方を少し変えますと、日本は国土が狭いがゆえに、世界の先進国の仲間入りを、短期間で果たすことができたものと、説明することができるのです。

製造業の工場において、無駄の排除は、重要な生産合理化の着眼点ですが、その中の一つに「工場内で物を運ぶことは、なんらの価値も生まない」という大原則があります。

モノ作り工場においては、運搬工程の削減は、エネルギーコスト節減、工場面積削減、材料・仕掛品の発生抑制、作業員の移動距離短縮により、国際競争に勝てる生産工程の優位性を、確保できる決定的要因となっているのです。

ただし、この考え方は工場生産に限定した発想であり、流通における顧客への搬送、サービス提供のための移動等は、付加価値を生み出しています。

狭隘なために出来るだけ工場用地を減らし、機械設備と工員の配置レイアウトを工夫する努力が、国土面積の狭さを悲観論から楽観論に変えたのです。

日本の工業集積の多くは、海岸に近いところに立地し、輸出品・輸入品ともに岸壁に大量輸送船舶を接岸させ、結果として内陸輸送距離を短縮させ、物流コストの節減を、当然のこととする優位性を、確保してきました。

港湾の船舶から、資源・材料をバルク（バラ積み）で陸上の工場に陸揚げし、流体はパイプライン輸送で合理化して、包装コストゼロ、工場までの内陸輸送コストゼロ、さらに粉じんの拡散や、溶液の漏洩を防止することにより、環境保全を実現する工場立地を選択することに成功しました。

さらに、その製品を船積みし、製品の内陸輸送コストを低コストに抑制して、製造と流通の両面で、物流コストを節減し、トータルで製品原価の引き下げを実現して、海路を活用した貿易立国の優位性を実現しているのです。

「太平洋ベルト地帯」と称される工業集積は、その典型例であり、東海道新幹線の車窓は、海岸に近い工業地帯の視察観覧車ともいえる状況です。

日本が初めてという外人技術者を、東京から大阪まで新幹線で案内した折、車窓から工場が連続していることを観察し、その製品は何かと質問してきたので丁寧に説明しました。

最初は熱心にメモを取っていましたが、やがて質問に答えてもメモを取らず、不審げに首を振るしぐさを繰り返すようになり、大阪近くになると質問もしなくなりました。

大阪で下車してその訳を聞くと、「あんな小さな工場で、作るものが皆違っているということは、日本の誇る高い生産性とは異なると感じたから」と応え、その上「日本にはもっと大きな、見せない工場があるのではという疑問が湧いたから」と、遠慮しながら質問を止めた理由を言い訳しました。

日本を代表する大手一流企業の工場は、もっと大きく、最新の生産システムを駆使して、量産製品を世界市場に供給しているという、既成概念に基づく判断だったのです。

その既成概念を解消するために、日本の工場が小さいにも拘らず、高い生産性を実現できる理由を、次のように説明し、漸く理解を得ることができました。

第一に、土地が広くないから、流れラインを短縮し、多能工化を図って、小さな工場を作り、それを集めて工場団地を造成し、産業クラスター（産業集積）としたこと。

第二に、産業集積は、工場のエネルギー供給、工場間物流、廃棄物処理等の共同化により個別小工場毎の初期投資を減らし、コストを軽減するメリットをもたらすこと。

第三に、多様な顧客満足に対応するため、製品品種が多様化し、多品種・少量生産システムを採用し、その材料部品補給距離短縮のため、小工場が適応性を発揮したこと。

第四に、人的生産性を高めるために、人の作業を機械設備に代替させ、加工設備を隣接させて、設備の間に搬送ロボットを配置し、工場面積の縮減を図って、夜間無人工場としている工場があること。

第五に、セル生産システムにより、工員を小集団組織とし、チーム構成員に連帯責任観を持たせるために小工場とし、チーム間による社内競争原理を発揮させるのに、隣のラインが見えるように配置する小工場が適していること。

長い海岸線が物流を合理化する

日本は島国であり、世界第6位の3万キロメートルに及ぶ海岸線を持っていて、しかもその海岸が潮の干満の差が少なく、港湾適地が多いと云う優位な立地条件を具えています。

この優位性により日本の製鉄業は、海外から大量の鉄鉱石や石炭を原料として専用船で運び、港湾に隣接する工場で加工し、そのまま製品を船積みし、工場から即各国の流通ルートに搬出するという合理化を実現できました。

これに対して、かつて世界鉄鋼業の最大手であったアメリカのベスレヘム・スチールはペンシルバニア州で生産した鋼製品を３６８マイルかけてニューヨークに運んでいました。

これは約６００キロメートルで、東京―新神戸間に相当する距離であり、その輸送に海上輸送を利用し、低コストとしている日本は、海洋を経済的な経営資源として利用できる好立地を活かして、物流コスト削減を図っているのです。

ついでに「では西海岸のロスまで運ぶ距離は」と手許にあるランド・マクナリーの地図で計算すると２４２６マイルで、キロ数に直すと約４０００キロです。

驚くことに、鹿児島中央駅をスタートし、大阪・東京を通過、青森に着き、折り返して、東京・大阪を素通り、徳山に達する長旅ということになります。

しかも鉄道ではなく、アメリカ最強の労組とされる「チームスターユニオン」の陸路長距離トラックを利用するとすれば、どれだけのコストとなるのか計算しなくても、そのコストが膨大であることは明らかであり、かつてのアメリカ製鉄のシンボルであったベスレヘム・スチールが、廃墟と化した理由が、広大な国土によるものであることが理解できます。

アメリカのビルディング建設用鋼材、軍需用鋼材を、ピークには2300万トン生産し、18万人を雇用して世界のトップを歩んだベスレヘム・スチールは、設備の劣化、コスト競争力喪失により、経営蹉跌し140年の歴史を閉じ、現在はその工場跡地は、レクリエーション施設やカジノに代わっています。

経営蹉跌の一因に、広大なアメリカ大陸に展開した、高炉建設地とユーザーの所在地との間の物流コストが破綻要因の一つと推定できます。

日本の国土面積38万平方キロに対し、アメリカの国土面積は、25倍の963万平方キロであり、その広大さと豊富な天然資源の量において、確かに魅力を感じますが、これだけの内陸輸送コストを避けられないとすれば、恵まれた国と羨望の眼差しだけでみるべきか、考えてみなければならないと感じました。

ここでは産業資材の重量物である鉄鋼を例としましたが、日本の内需の一端を占める生活必需品を船積みし、日本列島の各港に陸揚げすることによる、船舶輸送の物流費を計算しますと、物価安定への寄与が理解できます。

瀬戸内の漁港の朝市に集まる小舟が、家庭用の雑貨を満載し、郵便も積んで、小さな島を目がけて、海上を行き来する光景を目にすると、長い海岸線の効率性を実感し、恵まれた「海岸線国家」のメリットを実感することができます。

鉄鋼業の海上輸送による国際物流コスト節減、内需における小口海上輸送による物価安定等の事例は、日本の長い海岸線が、重要な経営資源であることを気付かせてくれるのです。

しかしながら、この長い海岸線がもたらす、経営資源としてのメリットとともに、自然の巨大な破壊力を見せつけたのが２０１１年3月11日の東日本大震災でした。

長さ５００キロメートル、幅２００キロメートルに及ぶ広大な震源地域に起きた大津波は、臨界工業地帯や臨海都市部に加え、長年にわたるインフラ投資により、整備されてきた漁港地域までを襲い、海岸線の住宅・学校を押し流し、尊い人命を奪い、船舶、工場、家屋、車両等を破壊し、鉄道も寸断されました。

その上、安全性において問題がないと、専門家が保証した原発を襲った大津波が、原子炉の制御を不能とし、放射能漏れにより、地域と地域産品を汚染し、住民の強制避難を促し、全世界に原子力発電の妥当性を、検討させる機会を作ることとなりました。

これを契機にあらゆる方面で「想定外」という用語が氾濫し、「人為的ミス」と批判する見解も生まれ、被害補償が延々と続き、国費が投入されています。

企業の異常事態に対応する防止体制、迅速な復旧体制の確立等に、「事業継続計画（BCP）の重要性が指摘されましたが、日本が持つ天与の地域資源である「長い海岸線」についても、災害防止策及び迅速な災害復旧策の整備が求められ「国土強靭計画」策定に至っています。

日本は幸運な立地の反面、四つの大陸プレート上にあり、「地震王国」という有難くない名を付けられ、地震と津波の災害を経験してきています。

日本の度重なる地震の歴史の中で、最大規模のものは、８６９年三陸沖で発生した「貞観（じょうがん）地震」とされ、古いことであり、今日のように科学的観測手法が確立されていなかったので、定かではないとされますが、震度8強であったと推定されています。

今回は、これをはるかに上回るマグニチュード９・０にも達し、実に千百余年を経て、地殻に貯えられた巨大なエネルギーが、自然の猛威を振るい、「人類の開発した技術力とは何なのか」という反省を促す機会となりました。

ことに最も低廉で、環境汚染を避けられる安全エネルギーと、目されていた原子力発電の脆弱性を露呈したことは、将来の世界のエネルギー政策の見直しを求める契機となり、安全なエネルギーの確保が喫緊の課題となっています。

日本の位置は、人為的に変更できない固定条件であり、これを受け入れ、このような事態を冷静に分析し、貴重な教訓として、国民の英知が結集され、長い海岸線を活かす、世界の最先端の防震・耐震技術・災害対応技術が開発されるよう期待したいものです。

湾岸に既に設けられている工場及び今後建設される予定の工場の安全性確保に当たり、大型津波対応の防波堤補強或いは嵩上げ等は、当然のインフラ投資として推進されることを容認する発想の普及が切望されます。

既に過去の大津波を参考に、それに耐えられる高さの堤防を建設し、過剰浪費と批判された地域が、大きな災害に会うことなく、被災を食い止めたという事例も挙げられています。

今後は、大津波を想定した防波堤の嵩上げに加え、高台に流通施設や工場、住宅を移設し、あるいは新建設する等の先行投資により、海岸線を利用しながら、自然の猛威による破壊を回避する方向を、選択しなければなりません。

このような対応は、当然に事業所の立地コストを高め、海抜差に対応するために製造物流コストを押し上げ、我が国に定着した、ジャストインタイムの生産システムのモデルチェンジを求めることとなることも考えられます。

さらに、ニーズに対応するサプライチェーンビジネスモデル（連鎖供給方式）を修正し、円滑な資材・部品調達のための供給拠点の分散化、ゼロ在庫による生産システムの休止回避策としての、余裕ある棚卸資産の保有等の面で、従来のビジネスモデルを抜本的に革新することが、必要となるものと想定されます。

このような要請に応えることは、既に多品種少量生産の多様な生産プロセスを、早期に立ち上げることにおいて、世界から注目されてきた日本の供給システムが、最も得意とするところと考えられます。

今回の地震において、日本の資材・部品の供給システムの休止が、国内に止まらず世界の企業の操業に影響を与えたことを謙虚に反省し、海岸線の活用に関して、大企業と中小企業との協創により、新たな供給システムの改革を推進する動機とすることが望まれます。

日本はこの経験を通じて、世界に先駆け、自然の威力とバランスする供給システムを構築し、世界経済に寄与できるよう努力し、世界の温かい支援に応えて、速やかな復旧を図り、世界に対する責務を果たさなければなりません。

四季の変化が需要を生む

北半球に立地する先進国と、南半球に立地する発展途上国の経済格差問題は、緩やかな成長を続ける北半球の先進国と、今後の急成長が期待される南半球の新興国との間に、季節変動による消費市場への供給を通じて、国際対立ではなく、国際協調をもたらす新たな経済関係を、成立させるものと考えられます。

先進国は経済成長を維持するために、南半球の新興国の資源供給に依存し、新興国は先進国の開発する新製品や新サービスの市場を、先進国の供給に依存するという互恵関係が成立する方向に進みつつあるからです。

既に国際連合（ＵＮ）は先進国と途上国との経済格差是正のため、双方が協力し解決を図る機関として、「国連貿易開発会議」（ＵＮＣＴＡＤユナイテッド・ネイションズ・カンファレンス・オン・トレード・アンド・ディベロップメント）をジュネーブに設け、その作業を着々と進めています。

幸い日本の立地は「衣替え」「冬季用燃料備蓄」「季節の味覚」等の季節変化に対応する

国内マーケットを生み出し、これが消費活動を高める経営資源として寄与し、経済成長が可能となる幸運な位置にあります。

「暑い、寒い」が挨拶用語として用いられ、四季により変化する、観光資源を活かして、観光産業が発展し、地域文化を育み、四季の地域産品が、地域格差の解消にも寄与しています。

四季は無形の経営資源として、春の新緑による躍動感、夏の海山の開放感、秋の紅葉の色彩感を楽しみ、冬の降雪によるウインタースポーツのマーケットをもたらし、バラエティに富んだ市場を生み出しています。

季節を一つの節目として、季節毎の経済活動が雇用を増加させ、付加価値を高め、経済を豊かにするとともに、心の安らぎを感じさせ、癒やしの時間を提供してくれます。

季節による精神的リフレッシュが、心身ともに健全な生活を営めるリズムをもたらし、新たな意欲を湧かせるのであり、これこそメンタルヘルス（精神衛生）の維持をもたらす経営資源ということができます。

これに加え四季をもたらす日本の自然は、北の北海道の亜寒帯から南の沖縄の亜熱帯まで3000キロに及ぶ長さを持ち、同一時期に雪山登山と海水浴を楽しめる天与の恵みを具えている地球上の位置に立地しています。

アメリカの４時間帯（イースタンタイム、セントラルタイム、マウンティンタイム、パシフィックタイム）に比べれば、北海道と沖縄とで時差３時間を設けても、良い条件ということもできます。

試みにアメリカの大陸横断距離を、ランド・マクナリーのマイレージチャートにより確認しますと、日本の国土も「グレートアメリカ」のほぼ７割に当たる距離に及んでいるものと確認できます。

西海岸のロサンジェルスからニューヨークまでの距離を見ると、約４４００キロであり、北海道から沖縄の３０００キロと比較すれば、アメリカには及ばないものの、世界有数の緯度を持つ国土に、恵まれていることが確認できます。

この長い国土は、海から山まで、他国に類を見ない多様性を有する天与の観光資源となっており、これが四季によって、春夏秋冬それぞれのシーズン毎に独特の変化を遂げ、年間を通して考えると、四倍の観光資源を有しているということもできる状況です。

日本だけで、しかもワンシーズンだけ見ること・聞くこと・触ること・嗅ぐこと・味わうことのできる観光資源が、次から次へと現れる日本の豊かさを、もっと高く評価し、その地球上の位置に、日本が存在する幸運に感謝し、自信と誇りを持つよう求めなければなりません。

日本が世界の列強を相手に、無謀な戦争を起こしながら、ボツタム宣言の受託で、世界平和を踏みにじった戦争責任の損害賠償を少なくされ、ドイツのように戦勝国のそれぞれの占領地に分割されず、四つの島が連合国司令部の管轄に置かれたのは、めぼしい経営資源を持たず、狭い焦土で統治の意味が見いだせないと考えた、連合国首脳の判断に救われた幸運によるものといえます。

その判断を覆すような高度成長をもたらしたのは、狭くて、貧しい国と見做された日本が、隠れた経営資源である四季があることによって、寒さに耐え、暑さに備える国民の努力を促した結果であることを、客観的に評価し、その世界における幸運な立地に、感謝すべきであると指摘しなければなりません。

早春の訪れを告げる鶯のさえずり、夏の暑さをしのぐ「かき氷」、秋の渓谷を彩る紅葉、冬の樹氷等、草木、野鳥、小動物等の生態系、山岳、渓谷、河川、海岸、田畑等の自然系、建物、古城、仏閣等の建築系等の多様・多彩な観光経営資源を、どの季節にどのような企画を立て、観光客の満足を得るかの知恵を活かせば、世界有数の観光国家となることも夢ではないのであり、それは四季と云うビジネスチャンスを活かす知恵によりもたらされるものと説いています。

単一民族だから協創しやすい

欧米は、多民族国家であるがゆえに、個人の働きの成果を重視するのに対し、日本は単一民族であるため、集団主義を採り、自己主張を慎み、成果の分配基準をあいまいにしているから、進歩が無いと批判されてきました。

また日本は、働く人も働かない人も、皆同じ成果配分を受けることのできる世界最先端の社会主義国家であり、働かない人の生活保護を重視し、働く人の「最低賃金」が生活保護者の所得を下回っていても、働く人のインセンティブ（意欲）を低下させることのない「不可思議な国民」という、皮肉な揶揄（やゆ）を浴びせられもしました。

しかしながらこの問題は、国の財政の悪化を改善するための社会保障制度の改革へと歩を進め、今日においては、今から国民皆保険に挑むアメリカのオバマケア（オバマ社会保険制度）の一歩先を進んでいるものともいえるのであり、悲観すべき面のみでないことを理解すべきです。

また工場における脱ベルトコンベアシステムの採用は、必然的に解消されつつあり、3S原則（単純化、標準化、専門化）による「同一単純労働の飽き」から開放し、変化のある作業に就かせる発想が、欧米でも採り入れられつつあるとしてOECD（経済開発機構）が、ボルボのカーマー工場のアブセンティズム（欠勤率）低下を高く評価し発表しました。

これを受け高度成長を謳歌していた日本は、大陣容の視察団を派遣しましたが、一時的現象で元の状態に戻ったと報じられ、工場見学中止になったというエピソード（挿話）もありました。

これに対して、その後日本のセルシステムが評価され、工場の脱コンベア論は「工場の水道蛇口論」へと置き換えられ、日本の生産システムの好評化をもたらす事態へと進展しました。

同一設備、同一ソフトウェア、同一技術労働で、世界各国に建設された工場は、水道の蛇口を捻れば、自動的に水が出ると同様の生産システムを作り上げたというのが、「工場の水道蛇口論」であり、その先兵となったのが日本の「セル生産システム」とされ、ベルトコンベアシステムを代替する生産システムとして、世界から高い評価を受け、日本が戸惑うような事態も起きました。

多能工を育成し、直線コンベアラインに変わるＵ字ライン、スパイダー（くも）型ライン等を採用し、異なる製品を同時に作る「混流生産システム」を立ち上げたのが日本であり、単一民族だから可能となったといわれました。

その後欧米においても生産効率を、ライン所属全工員共通の成果として把握し、他のメンバーに迷惑を掛けないように、「チームワーク意識」を働かせる、多民族構成の工場ラインの採用が主流となりつつあると報告されています。

その結果、個人評価から集団評価への切り替えにより、作業チームのモラール（士気）が高揚し、高い生産性を実現することが、世界各国で理解され、工場レイアウトのプロトタイプ（標準型）となっているといわれています。

またソニーの愛知県幸田工場では、フリーの多能工を「お助けマン」として配置し、作業の遅れを集団で解決して、集団責任意識を高めたと、世界から評価されましたが、今や日本のみでは無く、世界中で普遍化しているのです。

日本の多くの企業は、さらに集団主義をより高めるため、チームを「小集団」として組織し、その達成成果を「ＱＣサークル」として競わせ、自発的改善を進めるよう鼓舞しましたが、これは既に世界共通のモデルとなっています。

さらに、日本では小集団を一堂に集め、「全社品質管理大会」を開いて成績向上グループを発表し、社長表彰までいって、チームワークによる工程改善提案の歓びを、全チーム員に享受させ、モラール（士気）を高めました。

この方法の導入は、初期において個人主義を旨とする欧米の企業には、採用し難いところとされましたが、今日においては、こうした集団行動を採用する企業が、世界的に増加し、「カイゼン」が世界語となりました。

これらの試みは、欧米では「連携」を超えた高度な概念である「レシパラシティ（互恵）」として説明され、新たな組織原理へと進展しつつあります。

個人の能力差による格差分配から、チーム員がお互いに足りない知識・技術・技能を提供して、補完し合う職場作りが進み、協創して付加価値を向上させ、それによってチームとしての成果が増加し、それをチーム員が分配すれば、個人評価分配よりも、各人がより多くの分配を受けられると満足しています。

また日本の企業内労働組合と、欧米に多い産業別労働組合との間に存在する互恵意識の差も、モラール（士気）のギャップを生むとの指摘もありました。

日本の企業内組合では、企業の存立を前提とする「慎み深い妥協」が成立して、労使双方が納得してチームワークの力を発揮する方向を選択しています。「会社がつぶれては、分配は期待できない」という、最悪の事態を回避するため、使用者側も雇用者側も納得し、企業経営の継続のため必要な解決方法として、失業よりワークシェアリング（仕事の分かち合い）を選択してきました。

これに対して、欧米の画一的同一賃金要求を掲げる、産業別組合においては「力による対決」がベースにあり、労使の協調を期待することが、無理であることは否めないとされてきました。

しかしながら、労組の強いアメリカにおいてすら、自動車産業への政府資金の注入という異常事態を受けて、労組もストライキに伴う、賃金補填の限界を懸念し、労使関係を見直し、双方が妥協し、歩み寄る方向にあるとされます。

かくして日本のチームワークによる、集団としての互恵関係が、今後多くの国に徐々に浸透し、新たな経営方式として定着するものと展望されます。

「ジャパンスタンダードの世界化」と有頂天になることなく、労使の対立や職場のストレス（心理的苦悩）解決のために築かれ、定着した方法が、世界に普及することにより、無用な摩擦を回避して、世界経済に寄与する役割を果たしていると理解し、淡々として気負わない姿勢を持ち続けることが望まれます。

日本のやり方をまねされたと批判するより、ジャスト・イン・タイム（ＪＩＴ）やカンバンが世界各国に模倣され、定着しつつあり、「カイゼン」が世界用語となったことに、秘かな歓びを感じたいものです。

日本の小集団活動、提案制度、職場の悩みの解消等の手法が、科学的合理性を重視する欧米に導入され、深層心理学やカウンセリング等のアプローチ手法に用語を置換しながら、静かに採用されつつあるものとみることができます。

集団意識に基づく互恵行動を受け入れ、チームワークを発揮することに抵抗感を持たない、日本国民の暗黙の合意が、個人主義を旨とする欧米諸国でも、受け入れられつつあるものといえます。

こちらが先に見出したとか、あちらが真似をしたとかいう切枝末葉の問題意識を払拭し、日本の考え方が世界の経済に導入され、寄与するならば、それを素直に喜び、助言するくらいのゆとりを持つべきです。

このように無資源国とみなされていた日本には、多様な潜在的経営資源が存在するので

第１編　第１章　「日本の経営資源に自信を持つ」要点イラスト

経営資源	日本	世界各国との比較	日本の優位性
降雨量	年間平均降雨量1,500mm(100)	世界平均900mm（日本比60%）	世界の1.6倍余裕
	１人年間水資源量3,300㎥	１人ストレス水資源量1,000㎥	不足危険度の３倍確保
国土の狭さと広いＥＥＺ	日本国土面積38万㎢、	アメリカ第１位963万㎢	アメリカの4%面積
	ＥＥＺ（排他的経済水域）世界第６位450万㎢	アメリカ第１位　762万㎢	アメリカの60%、将来資源島国化の可能性
	狭い工場だから運搬距離短縮工程配置により低コスト実現	広い工場だから構内移動距離コスト増	狭い工場による工程短縮コスト縮減効果
	狭い国土により内陸輸送コスト低コスト化	広大なアメリカ大陸輸送物流コストアップ	狭い国土による内陸輸送艇コストの優位
海岸線の長さ	世界第６位３万km、原材料・製品海上船舶バルク輸送	ロスーペンシルバニア4,000km陸送コスト（例.鉄鋼製品輸送）	海上輸送による物流費縮減
季節変化	４シーズン別市場安定需要	広大地域による季節需要変動	安定季節需要対応
	４シーズン別観光資源豊富	年間一定又は激変季節の変動及び開発維持史跡の不足	保存遺跡の東洋的特異性の高評価
	外人観光客4,000万人の倍増	フランス年間8,000万人受入	インバウンド向投資
単一民族	小集団活動チームワーク	異民族の協調確保の困難	標準化受け入れ容易
	飽きない脱ベルト・セル生産	３Ｓによる変化対応生産困難	改革対応柔軟性発揮
	企業内組合・ワークシェア	産業別組合による硬直化	経営柔軟性確保

単一時間帯（四季市場同時対応）

あり、いたずらに無資源国と悲観するのは当を得ないことなのです。日本はこれらの潜在する経営資源を、国民の創意と努力よって活きた経営資源に置き換えて、今日の経済力を築いてきたのであり、それが世界の共通則となることに誇りを感じ、世界に貢献しながら、自己実現を達成する「ゆとりのある見識」を持った存在であることを歓びとするよう勧めています。

第2章　コミュニティビジネスを活かす

人の経済活動の場である「まち」は、経済の成長とグローバル化を受けて、多様な発展を遂げ、産業集積、商業集積、生活集積等の集積を形成していますが、「創生法」が対象とするのは、そのような多様な集積である「まち」の全てを対象とするものではなく、少子高齢化により「まち」としての機能を喪失し、衰退の一途を辿り、あるいは消滅の可能性が高いと考えられている地域を対象としているものと理解しなければなりません。

「まち」とは、古くは人類文明の発祥地として、メソポタミア、エジプト、インダス等が上げられ、食料を求めて河川口の氾濫地に集まり、そこに定着して灌漑農業へと発展させ、さらにその貯蔵・加工産業・流通産業が集まって、豊かさと利便性を高め、交通手段の発達で文明の発展・進化が実現する場へと発展してきています。

現代においても、人の集まる「まち」に、産業が集積し、その経済活動により、地域が発展・持続する環境が整備され、「まち」は経済活動の源となっていることは、変わりありません。

ところが「まち」が少子高齢化により衰微し、消滅するところが続出するという人口統計に基づく指摘に対し、地域が主体性を以ってその抜本的対策の構築をめざし、それを政府が後押しして、強い「まち創り」を図ることを日本経済の基本政策としたのであり、過去に見られなかった画期的な政策であり、国民としてそのめざすところを理解し、積極的に協創することが求められます。

「創生法」は、「国民が夢と希望持ち、潤いのある豊かな生活を安心して営むことができる地域社会の形成」を図り「人材確保、就業機会の創出」を目的とすることとしています。

したがってその担い手として想定する企業規模は、グローバルな経営活動を展開する大企業であるよりは、むしろ地域を市場としている中小企業あるいは小規模企業を対象としているものと理解することができます。

具体的には、地域のすき間市場（ニッチマーケット）を形成する地域密着事業（コミュニティビジネス）または地域社会的事業（ソーシャルビジネス）及び製造物責任関連事業（サービサイジング）を営む、「マイクロファーム」（中・小規模企業）の活動に期待しているものと考えることができます。

なぜならば、シリコンバレーのベンチャー企業のように、世界市場を対象とする大規模市場（マスマーケット）に照準を定め、ベンチャーキャピタルの資金供給を受けながら、短期間で株式公開を果たし、世界規模の大企業として驚異的成長を遂げるケースは、日本ではほとんど想定できないからです。

日本においては、大企業と競業しない、すき間産業分野を選択し、地域小規模市場を対象として創業（新規事業進出）、第二創業（事業承継者が選択する業態転換又は新規事業・新分野進出を図る職業）により地域の就業機会を創出し、さらに地域小規模企業者の若返りを図り、地域以外から人財を取り込むことによって地域経済の活性化を図ることを、支援するものと考えるべきです。

と同時に地域に存在する限界小規模企業の退出を促し、地域に必要とされる新事業参入者を育成し、経営支援することにより地域市場の新陳代謝を図ることも、創生法のねらっている政策ということができます。

なお一般的には、コミュニティビジネスを地域中心の企業行動と見做し、ソーシャルビジネスを環境・福祉・生活・教育等の社会問題を中心とする企業行動と理解するものとされていますが、両者の線引きは明確ではなく、頭文字を採ってＣＢ／ＳＢというような表現を用いている場合が多いのであり、ここでは、両者を包含して「コミュニティビジネス」と定義することとしました。

具体的には、地域の農業・林業・漁業等の集落、地域の経営資源を活用する加工工場地帯、卸売市場、地域の顔といわれる商店・サービス街、地域の観光資源を活かす観光業等が「まち」として集積し、地域の「マイクロファーム」（小規模企業）が経営活動を展開して、持続的に安定した地域労働力の就業機会を創出し、地域経済の好循環を実現させることをねらいとするものといえます。

もちろん地域によっては、大手企業の本社の地方移転も話題となっていますが、日本全体の政策を前提とするならば、「マイクロファーム」（小規模企業）を対象とする地道な、積上げを持続的に展開する長期的改革が、徐々に効果を上げ、創生政策が根強い地域経済を築くものと期待されます。

このような今後の日本経済を活かす創生政策について、日本の国土政策の推移、イギリスの空間計画・新公共管理等を参考としながら、小規模事業の集積により、地域経済の確立を図る壮大な構想を、いかにして実現し、安心・安全・安定社会を持続させるべきかを提言することとします。

国土政策の推移を分析し創生政策の意義を知る

コミュニティビジネス（地域密着産業）の場である都市と地方とが、日本の国土政策の中で、どのような推移を遂げてきたかを分析し、地域創生政策の意義を確認することとします。

日本の国土政策を概括すれば、土地本位の金融政策に基づき、地方経済を維持するための財源を、公共事業により捻出し、ハコモノの建設を推進して、不動産投資こそ絶対の利益計上手法という「土地神話」に浮かれ、東京都23区を売れば、広大なアメリカの全土が買えるという、夢物語が真顔で語られました。

その間、経済成長の過程で起こる都市集中と地方の過疎がもたらす問題点に対応し、地域間の経済力均衡をめざして、１９６２年に第一次全国総合開発計画（略称「一全総」）が策定されて以来、１９９８年の第五次の「21世紀国土のグランドデザイン」まで公共事業の継続が、経済成長に重要な役割を果たしました。

国土の利用・開発・保全に関する土地ブームが、建設重機の轟音を響かせ、「列島改造論」により、国土のコンクリート化が推進され、高速道、新幹線、湾岸埋立地、ダム建設、離島架橋、空港建設、高層マンション建築等で、常時カーナビを更新しなければ、クルマが海や川の上を走ることとなりました。

海外市場に繊維・家電・機械設備・自動車を輸出して、外貨を稼ぎ、それを使ってコンクリートで強い国土を築き、安全・安心が確保されるはずだったのに、コンクリート化が国民の精神を荒廃させると「コンクリートより人へ」を唱える妙な政策も、流行語となりました。

財源不足の中で建設投資が、景気を下支えし、地方経済を支え、設計ミスの年金給付の自然増と合わせて、国債が国民総生産の２年分に膨らみ、先進国第一位の借金大国となり、将来不安を抱く国民が増加し、「物的豊かさの中での精神貧困」に陥り、メンタルヘルス（精神安定）が、政府の仕事に加えられる事態となり、お先真っ暗の風説が流布され、閉塞感が漂いました。

定住構想、多極分散型国土、多軸型国土構想等の新用語が登場しましたが、バラマキ公共事業による過剰インフラという批判の中で、バブル経済崩壊の後遺症が、ツーロストディケード（失われた20年）も続き、バラマキの原資も枯渇して出口の見えない日本経済に、国民は暗いムードに苛（さいな）まれました。

このため36年に及んだ、国土開発総合計画法が２００８年「国土形成開発法」として改正され、これを機に「全総」の名が消え、従来の国土の量的開発計画から、国土の質的向上による「成熟型社会計画」へと政策転換が進み、全国計画から、「広域ブロック作りによる分権型国土計画体系」が選択されました。

その後、２０１１年の東日本大震災による大被害を受け、国土の脆弱性対策として、２０１４年には「国土強靭化基本法」を制定し、内閣府に国土強靭化戦略本部を設け、「レジリエンス」〈復元力〉という新語も登場しました。

自然災害対策とともに、国土総合開発計画に盛り込まれていた人口の都市過度集中を是正し、地方に住みよい環境を確保するため、将来にわたって、活力ある日本社会を持続するための「創生法」が２０１４年に公布され、政府と地方公共体が連携して、その実現に当たる壮大な画期的政策の展開が始まりました。

さらに国土交通省は新たに「国土のグランドデザイン２０５０」を発表し、「コンパクト」「ネットワーク」「スマートインフラ」をキーワードとする「対流促進型国土の形成」を図ることとし、当面概ね10年間にわたる地域構造政策として、高齢化・インフラ老朽化・公共交通・地方への人の流れ・災害・観光立国・２面活用（太平洋・日本海）等に対応する多面的な構想を発表しています。

イギリスのスペース計画・新公共管理に学ぶ

日本の国土政策は、政府による国土を対象とした、資産としての土地開発中心発想の色合いが濃いものでしたが、イギリスは「地域スペースの有効活用」の視座に立ち、地域設計を中心課題とし、中央政府への依存発想を戒め、地域間競争を促す制度とする手法を採っていて、参考になるところが多々あります。

既に20世紀前半において、政府が「都市・地方計画法」を定め、21世紀に入ると、早くから地域政策を、地方自治体と民間企業の協力によるローカル・エンタープライズ・パートナーシップ（LEP、地方自治体・企業連携）をベースとして、多角的なスペース政策を推進してきています。

地域スペース政策を進める前提条件として、スペース設定の目的と基準、事業資金の調達方法、地方自治体組織と民間企業の努力義務等を詳細に定めているのであり、今後の日本の地域創生を具体化する場合の参考資料として、有効活用できるものと認められます。

ことに地域・民間主体の行動を目指しながらも、その財政負担が地域行政のネック（停滞問題点）とならないよう、政府の補助金制度に加え、官民ファンドの活用を図る財政支援政策も用意しています。

イギリスのスペース計画では、国が広域地域政策を進めるに当たり、コミュニティを重視し、地域格差が起きないように配慮し、民間主体の運営をめざす制度とし、政党間の政策変更協議も加えながら、地域エゴを排し、国のスペース活用を中心とした、高度の計画としていて、今後の日本の道州制の線引きの進め方のモデルケースとしても、活かすことができる発想です。

スペース計画は、通勤圏を考慮した住宅開発、地域開発、交通対策等を通じて、人口の移動手段を確保するハブ〈拠点〉の設定、ビジネス展開と環境保全対策とのバランス等、多面的に設計され、調和の取れた計画となっています。

またイギリスのスペース政策は、国民の雇用機会の確保を重視し、労働力の需給に対しても、地域別の対応を細かく図る、多面的計画策定となっています。

日本でも、イギリスのスペース計画のような発想をベースとして民間の立場からの住民運動、ボランティア活動を通じて、地方再生、地方復権に寄与しようとする動きが認められ、それを反映した公選首長のマニュフェスト（宣言）も公表されユニークな政策展開が打ち出され、今後の地域政策の改革に期待が寄せられています。

その中でもサッチャー政権が主導して進めた１９８０年代の公的セクターへの民間経営手法の導入による、ニューパブリックマネジメント（ＮＰＭ、新公共管理）は、政府が政策立案し、執行は民間企業の経営手法を採り入れたエージェンシー（サービス提供機関）に任せる制度で、日本も導入しています。

身近なところで、指定管理者制度等に活かされていますが、ＮＰＭ（新公共管理）はコミュニティビジネスの活動に関して、有効に活用できる局面が多い制度として、今後の創生法の展開において注目すべきところといえます。

コミュニティの資源を組織し、低コストで高い成果をあげ、住民の満足を実現するコミュニティマネジメントスキーム（地域事業経営計画）として構築され、公的サービスの非効率を解決する手法として評価されているからです。

民間手法を取り入れるに当たり「経済性、効率性、有効性」の頭文字を取った〝3E〟をスローガンとし、詳細に客観的で公正な成果を上げることをエージェンシー（サービス提供機関）に要求しています。

このようにして創設された「エージェンシー」の運営については、民間から起用した最高経営責任者（CEO）の権限を強化し、一方でその責任を、中長期経営計画による業績達成度により、厳しく追及する仕組みとし、論理的基盤を確立して、実行成果を確認できる制度となっています。

その上さらに、監督官庁、内閣府公共サービス局、エージェンシーレビューの3段階のレビュー（詳細調査）が行われ、最後に「標準化、公開、選択、経済性、礼儀、適切な是正」を求める「市民憲章6原則」による評価を、受けることが求められる、極めて厳しいものです。

なお、この中で、注目すべきは、「礼儀」を挙げていることであり、その意味は、法規制に適合して、正しく処理されているかという評価に加え、サービス提供に当たり、国に代わり公僕として、住民へのホスピタリティ（厚遇）を発揮する、心理面の配慮がなされているかも、評価することとしている点において、細心かつ厳格な制度といえます。

また、イギリスにおいて、社会問題の一端として消費者運動家ティムラングの唱えた「フーズマイルズ」（食料運搬距離）も、スペース政策を反映した、地域政策の一端として採り入れられていることに、注目しなければなりません。

フーズマイルズの発想は、食料を国際間で移動させる距離が長くなればなるほど、その運搬のために化石燃料の排出する炭酸ガスが、地球環境汚染を増加させるものと捉え、その最善の解決策は「できるだけ産地で消費すべきである」として「地産地消」を奨励する考え方へと発展しています。

コミュニティ資源の活用に当たり、コミュニティ内で「自己完結型」の生産・供給・消費・メンテナンス・リサイクルを、可能とするような運営を図ることが、最も望ましいものという考え方に立脚し、地域産業と市民生活との直結により環境保全を図り、資源循環経済をめざす「ゼロ・エミッション」（無廃棄物）実現手法を、スペース計画に盛り込んだ、総合政策体系としています。

このような事業執行システムの導入に関し、地域住民の納得が得られ、満足を与えられるような、透明性の高い制度とすることが求められており、日本の制度設計にとっても、極めて有効な示唆を与えるものとなっています。

まずコミュニティに企業を興し、事業主体となる人財が存在することが必要となりますが、その公正・公平度をどのようにして評価し、選定するかの基準を設けていて、私情の入る余地がない、明確な管理体制を確立しています。

この結果、選定に当たっては、コンプライアンス（法令遵守）に努め、経営基盤もしっかりしている既存企業に入札資格を与え、公正・公平な見積もり制度により、事業委託先を決定する方法が、採用されています。

厳しい入札制度で、応札該当企業が無い場合、コミュニティとの関係が深い郷土出身者を、その組織の運営者となるよう要請し、エンジェル（好意的投資家）として資金投入も依頼して、資金調達の心配もなく、コミュニティビジネスとしてスタートできるような工夫も用意しています。

この場合、創業を図る会社の対象となる商品やサービスのマーケットサイズを把握し、そのための総所要資金量を設備投資資金、運転資金に分けて計画し、コミュニティからの共同出資者の負担可能性を判断し、地域金融機関も地域貢献の立場で参加するよう、地域ぐるみの取り組みとすることを求めています。

さらに事業行動開始の必須条件として、「投資額がコミュニティビジネスから期待される付加価値により、回収可能である」という見通しを立て、受託者が地域名士としての面子から、事業遂行できないような条件下で引き受けないよう求め、準備段階から慎重に対応するよう促がすこととしています。

このような慎重な経営計画により、コミュニティビジネスの受け皿会社に、事業リスクの最終的な判断を行える、企画力を整えるよう求め、公平な第三者が、フェアな助言を行い、発注者も受け皿企業も、合理的に対応できるような制度として設計することとされています。

日本も、公的サービスの民間委託が相当進み、今後も拡充されるものと推定されますが、このような民間開放は、同時に厳重な評価・審査が付帯することを当然とする案件といえます。

日本においては、特に「官公需法」の第３条に、官公需適格組合を組成し、地方の小規模企業にも、共同受注に参加し、国からの受注機会の増大に対応できる仕組みを用意しており、さらに「中小企業需要創生法」には、創業後10年未満の新規中小企業者にも、国との受注機会拡大を図る基本方針を明記しています。

コミュニティビジネスを設計する

従来「地域事業」という用語は、地方自治体としての行政区画、山や川の自然で区画されるエリア（領域）、そこに存在する資産や過去の史実を示す、遺跡・建造物等の名を冠した空間を対象とする、「地域」で営まれる事業であり、有形物の「ハコモノ」である、店舗・工場・事務所等の資産を活用する場として理解されてきました。

これに対し、「コミュニティビジネス」は、そこに住む人達の自主的な参加により、事業が継続され、住みやすさ、安心・安全・安定感、地域愛、絆（きずな）善意（プロボノ）等の心理的側面を含む無形の「住民意識」が、事業活動を継続する条件となっている事業形態であり、「地域住民密着型事業」というのが妥当ということができます。

したがってコミュニティビジネスとは、地域住民と地域資源を活用して、付加価値を生み出し、それを地域住民が分かち合う「共生」の発想に基づいて築かれる事業として、設計することを原則とするよう求められるべきです。

「共生」とは、地域住民の一部の善意・慈善意識で提供される付加価値ではなく、地域住民が参加し、協力して付加価値を「共に生み出し」、それを活用して「共に楽しい生活を共有できる」経営組織であることを意味します。

一般的に「コミュニティビジネス」といいますと、ゆとりある地域住民のプロボノ（善意）行動により、運営される事業というように理解する向きが少なくありませんが、地域住民に善意の提供者がいない場合に成立しないような組織に、事業経営を認めるべきではなく、あくまでビジネスである以上、必要コストを認め、事業として継続できる経営であることが求められているのです。

イギリスにおいては、上位出身階級や高学歴でありながら、世間からそのように見られることを、嬉しく思わない若者を「ノーブス」と呼び、その数が増え続けているといわれますが、その背景には、別扱いされることを拒絶する誇り高い意識が働いているものとみられます。

このようなイギリスの若者の考え方は、一部の特権階級や資産家が、ノーブレス・オブリージュ（高貴者の義務行動）発想に基づき、富める立場から貧しい階級に与えているという慈善行動意識に対して、暗に反省を求め自戒するよう促しているものという風に、理解することもできます。

同じようにイギリスから始まったとされる、ニート（無就学・無就労・無職業訓練）と呼ばれる若者の行動を批判する見方も根強いものがありますが、かつて世界の七つの海に君臨し、多数の植民地経営を続けて、最先端の民主主義国家を誇る国だから、色々な生き方が選択されているものと考えられます。

イギリスは民主主義国家の国民として、個人の責任において、お互いの互恵と協創により、地域を維持するための事業経営となるよう求め、過剰な善意と過剰な依存意識に対し、距離を置いているのであり、貧困者を受け容れる救貧院では、厳しい生活環境を与えて、一刻も早く、そこから逃れたいという考え方に陥るよう仕向けているといわれます。

日本はイギリスのような爵位を始めとする階級制のない、国民平等の国であり、町内会費を払えば、それまでと云う地域意識ゼロ住民と、皆同じに地域愛、地域生活環境平等感、地域連帯意識等を持ち、地域に生きる喜びを、共有する感覚の持ち主であることを求める住民とが併存しているといわれます。

このため地域資源（産品、文化、景観、地域運営ソフト等）を活用して、地域の顧客に提供し、地域住民の満足を得、さらに余力を見出して、その付加価値を高めて地域外に提供して、地域経済力を高め、地域経済の自立を実現することを、楽しみながら実行する人財が、運営するコミュニティビジネスとなることが期待されているものということができます。

そのバックグランド（背景）には、高齢化社会の到来を迎え、従来の都会型の「隣は、何をする人」というような無関心、無関与行動を改め、「地域意識」を深めて「絆」を築き、心理面の交流を大切にする生き方を、協創することを期待しているものという事情があることを理解しなければなりません。

限界集落（65才以上の人口50％以上）といわれるような集落の住民に、安心して暮らせるような、生活環境を整備すべきであると指摘されていますが、全国統一の基準を設け、徹底を図るというよりは、地域住民の過負担にならないように、地域住民の選択に委ね、緩やかな合意を、成立させるようでなければならないと考えられます。

都会生活に憧れながらも、祖父母や両親の生活を支えるため、敢えて地域に止まり、都会に流出した世帯の後に残る、近隣の高齢者の面倒まで、見るという善意のボランティア

〈自発的奉仕者〉が、意識せずして地域を支える人財となっている事例も少なくないのであり、他人依存の生き方に是正を求め、都会の血縁者に、受益者負担を求める制度とすることも、課題と考えられます。

地域から都会に出て活躍し、定年を迎えた地域出身の高齢者を、その生まれ故郷に迎え、自然を楽しみながら、生活できる場を提供することにより、地域住民が増加し、地域の活性化が図られるにもかかわらず、それを阻む考え方も出ているとされますが、地域に反省を促さなければならない課題といえます。

地域出身の高齢者の介護費や医療費により、地域財政の負担加重を招くというのが、その反対根拠とされますが、地域出身者の全員が要介護・要医療者というのは偏見であり、そのような発想の誤りを是正する善意に期待するとともに、元気な帰郷者の力を地域社会に受け入れる仕組みを設けているところもあり、相互のコミュニケーション〈情報交換対話〉が望まれるところです。

元気な高齢者が故郷で旧交を温め、楽しく過ごす消費者として地域経済を支え、都会の孫家族が連休に訪れるような、微笑ましい家族関係がもたらされることで、地域の活性化に寄与する、明るい一面があることを、理解するよう勧めなければなりません。

このような地域振興発想は、以前から叫ばれてきましたが、政府や地域共同体の補助金交付への依存を前提とするものが多く、地域住民を巻き込んだ創生法の試みは、地域の創造的企画力を引き出せるかがカギといえます。

実態は地域のニーズよりも、都市部のシンクタンク等の提案に依存する委託合戦となるような動向も見受けられるところであり、今後は地域の創造的企画力を引き出すような支援策も必要という指摘も出ています。

さらに積極的に「ものいう住民」「草の根活動住民」等により、地域を楽しい場としようとする発想に立って、消防団、ＮＰＯ（非営利活動法人）、隣組、氏子、檀家等の活動に参加する「コミュニティ活動」も盛んとなりつつありますが、その世話役の高齢化も避けられない問題として潜在しています。

それらの行動の決定権を持つのは、そこの住民であり、そのコミュニティマネジメント（地域経営）のあるべき方向を提言する地域住民の持つ決定権が有効に働くような仕組みとすることが求められることとなるでしょう。

今後これらの問題を地域住民の発案により、創生法を活用し、地域住民が夢や希望を持って、潤いのある豊かな生活を、安心して営めるように図る本来の目的が、実現することをめざさなければなりません。

コミュニティビジネスは、プロボノ（善意）を活かしながら、事業としての責任を持つ組織として、理解されているのであり、ここではその集約版として少し古くなりますが、「２００４年版中小企業白書」の定義を引用して、あるべき方向を決める参考とするように望むこととします。

同白書はコミュニティビジネスを「地域問題へのきめ細かな対応を、地域住民が主体となって行う事業」と定義し、「ボランティアとは異なり、住民主体、利益第二主義、住民のニーズに応える財・サービスの提供、地域住民の働く場の提供、継続的な事業又は事業体、行政から人的・資金的に独立した存在等を条件とするもの」とその存立の基本原則を提言しています。

地域ブランド、地域サークル、地域連携、善意・慈善、ＮＰＯ（特定非営利活動法人）等が関連するキーワードとして用いられていて、活動展開のヒントとなりますが、これを補完する条項として、コミュニティビジネスを担う人財の育成方法、プロボノ（善意）の求め方と提供方法、活動財源の調達方法等の運営課題に対応する、明確な指針が追加されるよう期待したいものです。

このようなコミュニティビジネスの成立を図るためには、イギリスのニューパブリックマネジメント（新管理方式）に倣い、地域経済活性化のための助言者を求め、実行決断は地方自治体、民間の産業界、金融機関等で構成する「日本版エージェンシー（民間サービス提供機関）」を組成して、柔軟性を保ちながらも責任を明確にして活動する組織とすることが望まれます。

今後は地域の発案になる、多様な創生法の活用事例が出てくるものと期待されますが、助言者は、腰掛ではなく地域に住み、地域住民として地域を熟知し、地域と協創する姿勢で長期プランを策定し、その実行組織に提言してその決断を得て使命感を持って実行し、成果を挙げられる人財であることが望まれます。

コミュニティの発展は、営利企業が手掛けないコミュニティビジネスによって、コミュニティの住民の満足度を高め、付加価値を生み出し、それによってコミュニティビジネスの運営コストを、支払えるものでなければならないのであり、その役割は第三者的立場で、公平・公正に助言できる地域団体の役員経験者によって果たされることが最も望ましいパターンといえます。

潜在する地域経営資源を活かす

コミュニティビジネスは、潜在している地域経営資源を発掘し、それを活用して、地域の付加価値を高め、地域住民が満足し、安心・安全・安定を実感できる地域を築く役割を果たすことが、使命と考える人財により、担われなければならない組織といえます。

地域創生とか、地域経済再生というのは、そこに住む人を増加させることが基本的な大原則であり、次にそこに潜在している人を、産業活動の場に誘い込む働きかけにより、成立するものということができます。

まずコミュニティの潜在経営資源の最初に挙げなければならないのは、地域に住んでいる人である無業者、期間限定兼業者あるいは「ニート（非教育、非就業、非職業訓練者）」、「フリーター（非正規アルバイター）」等です。

さらに「Uターン定年退職エブリーサンデー者（毎日日曜組）」、「子育て終了で時間タップリの専業主婦」、終の棲家としてその地域を選び移住する都会出身の「Iターン者」、終の棲家とする地域を見つけようとして、途中の地域に仮住まいしている都会出身の「J

ターン者」等も含まれます。

自家消費農作物栽培兼業者、一時帰農従事者、一時林業従事者、一時水産従事者等の人財も、地域に潜在する経営資源であり、その有効活用により、地域経済の活性化に資するよう就業機会を創出する働きをすることが期待されます。

そのようなコミュニティの活力を生み出す住民に対して、単にその善意や自発的貢献活動に止まらず、地域ニーズを発掘し、それを地域の事業活動とする就業者となり、さらにその起業家として自営有業者を目指すよう促し、その実現を可能とする条件整備を図る人財であることが求められます。

最も望ましいのは、地域住民が自らの好きな仕事に就き、喜んで仕事に取り組める場を見出し、徒歩通勤、自転車通勤で、省エネ、環境破壊抑止に寄与する就業者となることです。

コミュニティの生み出すマーケットは、大量生産・大量消費となるものは稀であり、多くは「地産地消」の対象となり、その余剰を、できるだけ物流費のかからない近接市場に販売して、地域経済の運営原資を見出せるものとなることが望ましいといえます。

このような小規模のマーケットは、季節により一定期間のみ、多様な産品やサービスの提供に確実に従事してくれる地域住民の協力を必要としているのであり、多様な仕事を、季節ごとに担当する「季節多能工」ともいうべき役割を果たす、地域住民を意図的に育成する、地域行政の働きかけ努力も必要です。

コミュニティの経営資源は、多様な生物、植物等の生態系資源、史跡・遺跡、景観などの観光系資源、特産品・伝統工芸品・地域ブランド等の有形財系資源、伝承される地域芸能・地域文化・地域催事・地域の味・地域風俗、生活の安全、地域ボランティア・匠などの無形財系資源まで、多様な経営資源により構成されています。

したがってこれらの、全てのコミュニティ経営資源を、対象として取り上げ、その活用を図る人財を育成することは、地域の行政組織が果たすべき責務であり、地域創生の成果を上げるためには、まずそれらの職務を果たせる人財の育成が最優先課題といわなければなりません。

地域経営資源を熟知し、その活用を図る力は、一人の力ではなく、各々の専門分野を究めた人財の連携により、達成されるのが、最も望ましい方法ということができます。

次に従来「非効率な行政サービス、住民のためのサービス精神喪失」と批判を浴びてきた「地域行政」のレベルに関して、民間企業の発想に立ったマネジメント感覚で、対応する意味を持たせた、「コミュニティマネジメント」（地域社会運営）の在り方を指導する役割も、地域行政当局が、努力して果たすべきであり、民間の知恵と地域行政との協創が望まれるところです。

従来の地域行政が、国の交付税を再分配する「与えられるサービス」であったのに対して、コミュニティ資源を活用して、地域住民の声に基づいて、その満足を得られる「稼ぐサービス」へと、転換させることが求められています。

例えば総合産業といわれる観光サービス、文化提供サービスによってコミュニティの雇用を創出し、担税力を持つ企業を育てる、コミュニティマネジメント事業のマネジャーの役割が、地域行政に求められているのです。

「昔は良かった」と回想されるコミュニティ資源を再評価し、再現して新参入者を導く、コミュニティ活性化の方策には、数多くの事例があります。

「源氏蛍の郷」「貸し農園」「森林浴の森」など都会の喧騒を逃れたヒーリング（癒やし）の場の提供も、コミュニティマネジメントの成果の一端となりますが、連続してイベントを企画し、リピーター（繰り返し利用客）の増加をもたらす能力は、誰にでもできることではなく、専門能力が必要となります。

新しいアイデアを、次から次へと出し続け、リピーター（再来者）を増やせる、創造力や発想力は、ある程度の天賦の才能に恵まれながら、研究心と努力を重ね、それをステークホルダ（利害関係者）に分かるように説明し、協力を得られる人間力ともいうべき才能を持つ人財の粘り強い、持続される活動に期待しなければなりません。

経済価値だけで計れない、精神的安定をもたらすコミュニティ資源が、無限といっていいほど潜在している地域において、柔軟な姿勢で、絶えず成果の期待できる事業計画を創りその実現を図る、創造的助言者の輩出が期待され、渇望されています。

地域の活性化を促し、疲弊し機能不全に陥っている「まち」を、再生させるためのマネジメント手法を導入し、地域を元気にすることが、日本の制度疲労からの脱却を実現し、今後の地域創生によって、活かされる道なのです。

まちを観光産業拠点とする

古い歴史を持つ観光資源を有し、世界から注目を集めながら、観光産業となると投資を躊躇し、低い収益水準に止まって、サービスの国際収支は、マイナスになるのが当然と考え、簡単には解決できない問題点という悲観論が、長く続いていました。

２０００年を超える古い歴史が、全国各地に史跡として整備されており、ユネスコの世界遺産に、１９９９年に登録された法隆寺・姫路城に始まり、最近では日本のシンボルとされる富士山、工業発展をもたらした富岡製糸場、軍需遺跡と批判を浴びている産業遺跡まで、多数の指定を受け、更に多くの指定候補遺跡が待機しています。

この間に低迷していたインバウンド（入国観光客）が２０１５年にほぼ２０００万人に達し、次は３０００万人も視野に入りつつあると云われています。

観光王国フランスの２０１３年８５００万人の実績に比較すると、４分の１ですが、漸く明るい方向を生み出せる状態となり、インバウンド収入の増加を図るビジネスの受け皿創りが着々と進み、中国観光客の「爆買」がデパートに想定外の高収益をもたらし、ビジネスホテルも海外客の予約で満杯となり出張ビジネスパースンがサウナ仮眠を余儀なくされているとの悲鳴も聞こえてきます。

改正経済特区法と創生法は、観光資源を有する地域の経済情勢を、改革に導く起爆剤とするチャンスの到来を意味するものと理解され、その実現に向け、地域が主体となって取り組み、東京の大田区では国家戦略特区を利用し、旅館業法の適用除外となる「民泊条例」

を設け、運用ガイドラインを発表しました。

モノ生産において、世界の模範とされながら、総合産業としての観光産業において、国際収支は絶えずマイナスであり、他の先進国と、歴然とした差異があるのは、長い鎖国体制の影響との指摘もされました。

そうした過去分析より、改正特区法や創生法で地域に観光業専門要員を育成し、その抜本的解決をめざすような、改革意欲が日本の経済活動の中に組み込まれるべきであると痛感してきましたが、漸く門戸が開かれる兆しが見えてきており、今後入出国管理システム、免税店、宿泊施設等に課されてきた規制が緩和され、所得収支の黒字化が旅行収支にも及ぶものと考えられます。

繊維、雑貨、家電、自動車とモノの輸出のみを重視し、我が国の有する観光資源が、国民経済に果たす役割を、軽視してきた政策の遅れを、地域創生プロジェクトにより、取り戻して観光産業を「総合型産業」として高く位置づけ、国民経済の一翼を担う産業として育てる方向が見え始めたのであり、その受け皿として観光資源を活かすまち創りへの先行投資が動き始めています。

ここで「総合型産業」としたのは、観光産業を構成する大型テーマパーク、ホテル、旅館を中心とする観光施設建設業・そのメンテナンス業があり、さらに大型の観光施設としての運営企画企業、観光客受け入れ情報ネットワーク産業、そのイベント関連の演出業・デザイナー、タレント育成産業等の広大なソフト産業分野が派生して、ほとんどの産業分野に亘るからです。

さらに観光客に提供するファースト・フードからグルメ向け高級料理提供シェフ・スタッフ、その廃棄物処理業、観光客のセキュリティ確保警備分野、土産品流通分野、リラクゼーション提供サービス等も関連産業分野です。

このような多様で多彩な事業分野を擁している産業分野には、当然のことながら、多種多様な観光資源をベースとする産業活動の活性化が期待されます。

観光資源は遺産（国宝、重要文化財、世界遺産）、公園（国立・国定）、自然資産（山岳、岩石、地層、生物、植物）宗教資産（神社、仏閣、寺院、教会、建築物）、庭園、城址、博物館、美術館、スポーツ施設（体育館、競技場、サッカー場、ラグビー場、テニスコート、ゴルフコース）、和食文化、華道・茶道、温泉、テーマパーク、ジオパーク、宿泊施設（ホテル・旅館）等、無数です。

これらの観光資源を活用する、外国人観光客の来日を期待し、既にイギリスのトニーブレアの「クール・ブリタニア」の二番煎じと揶揄されながらも、「クール・ジャパン政策（格好良い日本宣伝）」に取組み、日本文化の海外へのアピールの強化に努めていることも、インバウンド（訪日外国客）の増加に寄与する観光産業国際化の一端といえます。

少子高齢化による消費力、サービス需要の減少をカバーする、最も実現可能性の高い政策は、人口減少以上のインバウンド（訪日観光客）を迎え入れ、その需要の充足を図り、外需を内需に変え、消費力を国内に取り込むことです。

ショッピング・ツーリズム（買い物旅行）、先端医療技術を提供するメディカル・ツーリズム（治療旅行）、専門技術習得研修生のビジネストレーニング・ツーリズム（技術研修旅行）等の受容れ機会を創ることです。

そのために入出国・通関手続き面の簡略化・スピードアップ、受け入れ先のホテル・旅館・土産物加工場、研修施設・先端医療施設等に課せられている規制に対する基準を緩和し、創生法と特区法として容認されるような方向に向かい、ローコスト・ハイパフォーマンス（低費用・高効果）で、来日外人観光客を受け入れられる態勢が整うものと期待されます。

観光産業においては、訪日外人旅行客に対し、日本古来の心からの「おもてなし」、「気配り」「ゆとり」「礼儀」「作法」等のサービスを、「控えめに」「奥ゆかしく」提供することをモットー（信条）とし、国際的コンシェルジェ（接客責任者）と認められるレベルまで、接客技術の高度化が実現するよう、取り組まなければなりません。

観光資源とされている世界遺産、自然遺産、公園、文化財、建築物、文化施設、生物、草木、食文化等に関する知識・解説力・説明力を持つガイドの養成は、喫緊の課題であり、民間機関が行う「観光士・観光コーディネーター」試験のような、地域の全てを熟知し、できればバイリンガル（2か国語）で対応出来る人財の、教育訓練専門機関を設けることも必要と考えられます。

また海外から日本文化を経験してみたいと、渇望されているメディア・コンテンツ、伝統工芸品、日本食文化、ファッション等のモノ作り技術と、その中に包含されている「コト創り技術」についても、現場学習し、分かりやすく丁寧に説明できる外国語対応会話力を磨き、トータルサービス提供システムとしての整備を図ることが求められます。

このような展開を可能にするために、既に一部試みられているのが必要な担当専門職員を、計画的に養成する機関を設け、一定期間のカリキュラム（教科過程）を経て、資格認定まで進めるようなシステムの確立であり、創生法に基づき、地域公共体のプロジェクトとして、採用されるものと想定されます。

また観光ガイドについては、日本文化や風習に関心を持つ、外国人ガイドを受け入れ、日本人ガイドとペアで同国人を案内し、日本を理解してリピート顧客を、国内外で確保できるような仕組みを用意することも望まれるところです。

企業誘致発想を革新する

従来、地域の経済力強化のために「企業誘致」は重要な課題であり、まち創りとは地域への企業誘致政策と同義語とも理解されていました。

企業誘致がもたらす新規設備投資による地域需要の創出、固定資産税の増加、新規雇用による地域就業者創出、地域消費需要の成長等の多様な経済的メリットが地域経済の活性化に寄与し、日本の工業生産力の向上に有効な役割を果たして先進国入りを加速し、その持続を支える条件となりました。

1962年に「新産業都市」として、全国で15地域が認定され、太平洋ベルト地帯への一極集中から、地域特性を活かした開発へと「モノ作り」拠点の地方分散化に拍車がかかります。

その反面、企業誘致によるマイナスの効果も発生し、環境汚染、交通渋滞、市場性を喪失した企業城下町の衰微、過剰ハコモノ開設による地方自治体の財政悪化などが、地域経済を蝕み、第三セクター（公営事業）の破綻が、地域経済の足かせとなる事態も多発しました。

これらの地域経済不振の根本的原因は、地域経済の長期計画が欠落し、あるいは不備であるために引き起された政策のミスジャッジ（判断ミス）といえます。

従来から、誘致企業の将来経営力を精査することなく、税制面の優遇策、特定補助金等のメリットを与え、地域経済の疲弊を加速した事例も、少なくなかったのです。

企業誘致は、地方自治体の仕事であり、首長の政治力によるものという発想が強く働いていたことも、工場誘致競争を激化させ、進出企業に過大な期待を許し、無理な進出が、地域経済に必ずしも寄与しないという結果を、露呈することとなったのです。

この結果、進出後企業が倒産し撤退したことにより、地域が企業誘致のために投入した運動費や補助金等が浪費と化し、行政の責任を問う市民運動も発生し、その返還を求める訴訟合戦へと持ち込まれる事態も招きました。

地方自治体にしてみれば、将来の税収を期待した補助金でしたが、誘致成功にのめり込み、時には意図的な補助金詐取と言えるような案件も含め、あいまいな誘致契約を結ぶという結果を招いたことを反省しなければなりません。

今後は、誘致契約の事前審査を厳しくし、その成果が実現しない場合の担保条項として、撤退時の補助金返還、物件の原状回復を義務付ける条項を盛り込ことも検討して、臨むべきであり、その橋渡し制度を設け、進出企業側と受入行政組織の双方から、公平・公正に判断する仕組みとする、工夫と努力が必要と云う指摘も巷（ちまた）では聞こえてきました。

企業誘致を市民の課題として公開し、市民が企業誘致のプラス効果とマイナス効果とを客観的に分析し、オンブズパーソン（独立行政監視人）のような制度を設けて、厳密な監査を行い、コミュニティに寄与する企業を誘致するような方向に、抜本的に改革することが求められています。

誘致する企業の情報を詳細に開示し、コミュニティの市民団体、町内会、関係ＮＰＯ等にも、誠意を以って説明し、市民の理解を得るような地道な「草の根運動」が必要であり、それがあって始めて、市民が進出を歓迎し、協力できる条件が出来上がるものと考えなければなりません。

そのような市民の要望に対し、進出企業は、少なくとも3年間から5年間くらいの長期計画を策定し、地域雇用者数、納付できる税額等を明らかとして、その達成度を年度ごとに公開し、理解を求めるよう努力することも求められます。

従来の企業誘致は、既存企業がその「地域に来るもの」という発想に立っていましたが、これを改め、「地域企業はコミュニティが作るもの」という発想に切り替え、企業とコミュニティとのコラボレーション（協創）により、コミュニティに寄与する企業を創る発想へと革新するよう求めなければなりません。

コミュニティは、誘致した企業が、必要とするインフラや地域サービスを提供できる受け皿を作り、進出した企業は、計画した雇用を実現し、租税公課を負担して、コミュニティへの貢献を果たすことにより、両者の間に互恵（レスパラシティ）の関係が構築され、快適な暮らし易いコミュニティができ上がることになります。

このような誘致企業の発展が、コミュニティの雇用、付加価値、税収を増加させ、それに伴い、市民による関連産業分野での「創業」や「第二創業」「新分野進出」が促進されて、コミュニティの経済基盤が拡充され、コミュニティ経済に好循環がもたらされ、地域に自律的な発展をもたらすことが可能となるものと期待できます。

ここに「創業」は、新たに個人事業を開業し或いは新会社を設立して、所在地を管轄する税務署に事業開始届を提出し、法で定める関係官公庁に、事業開業に伴い提出すべき、全ての届書等を提出した組織を指すものとします。

「第二創業」とは、既存中小企業の事業承継者が事業転換又は新規事業・新分野への進出を図り、事業活動の展開を継続することを意味します。

また「新分野進出」とは、既に事業を営んでいる企業が、異なる業種・業態に転業し、或いは従来と異なる新たな分野に進出することを指すものとします。

これは単なる企業誘致を超えて、企業誘致に伴い派生する二次効果ともいうべき成果をもたらす、「コミュニティ発展プログラム作り」といえます。

特定地域に展開されるこれらの企業行動が、産業集積を生み出し、経営環境の変革に対応して、新たな産業集積へと革新を遂げることにより、コミュニティビジネスが組成されてゆくことになるのです。

さらに市民が、エンジェル（好意的個人投資家）となり、あるいはストックオプション（自社株購入権）を取得して、企業の自己資本充実に寄与する方向へ発展するならば、文字通り地元資本、地元経営の安定した「地場産業」が誕生することとなります。コミュニティの人財、材料・資材、資金を活用する新たな企業の出現は、コミュニティの雇用を安定させ、コミュニティ産出材料・資材の用途を増やし、コミュニティの貯蓄を有効に運用する、コミュニティ経済循環機能を果たして、コミュニティの活性化を実現する有効な手段とならなければなりません。

従来の起業家のみに依存する創業に加えて、新たなビジネスモデルとして、市民と起業家との協力により、コミュニティ経済力強化が実現するようなプログラムとし、企業誘致のプロトタイプ（原型）となる地域企業創出が実現する方向に、発展させなければなりません。

この場合、進出企業にコミュニティが、過度な地域貢献を求め、逆に誘致企業が、コミュニティの市民に過剰な負担を強要するような、行き過ぎがないようバランスのとれた、互恵関係が築かれるべきです

そのためには当然のこととして、製品やサービスの需要サイズを予見し、その需要量に合わせて供給することにより、必要な付加価値を計上できる経営展開が可能とならなければなりません。

第2章「コミュニティビジネスを活かす」要点イラスト

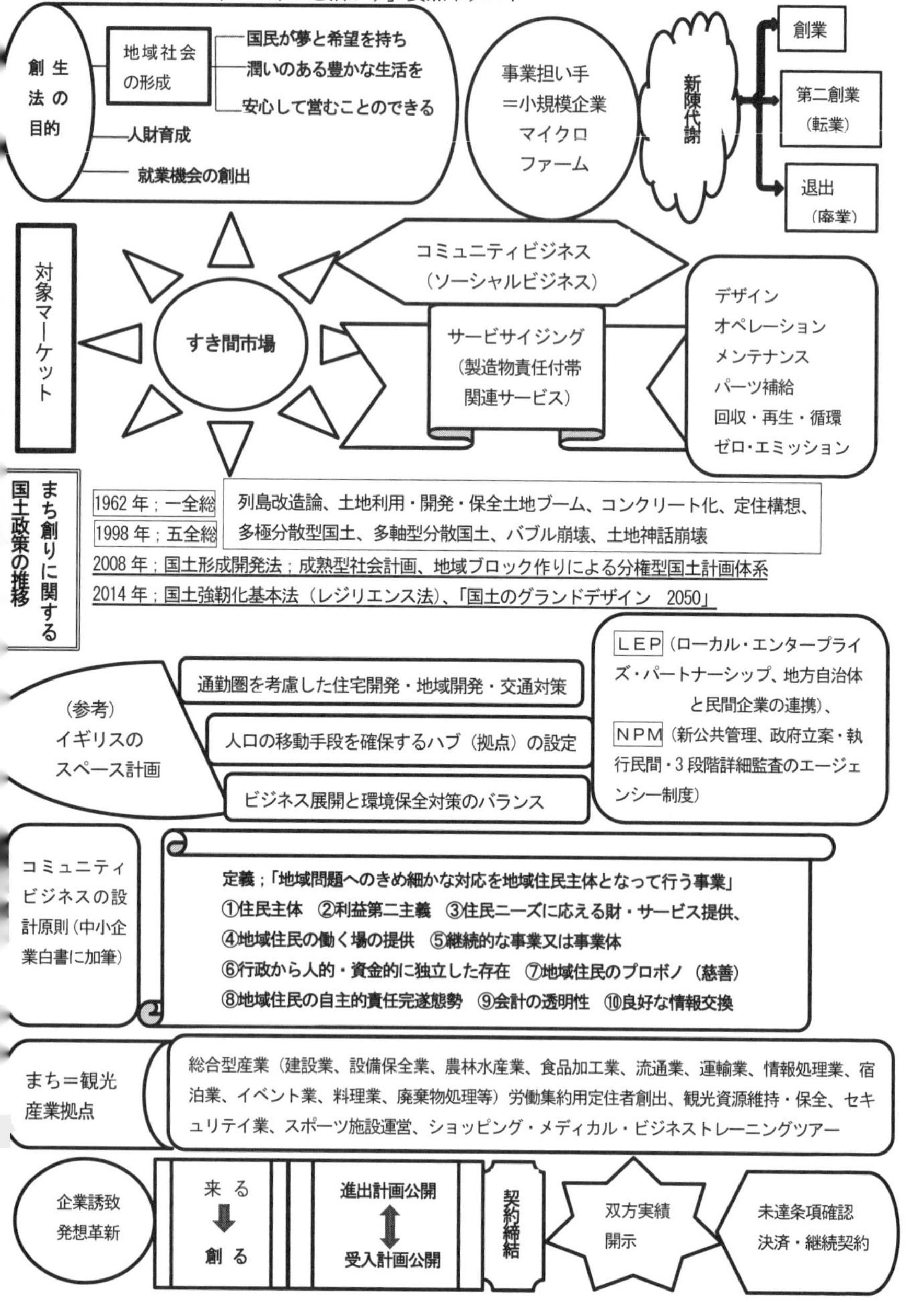

付加価値が給与として就業者に分配され、地域消費に寄与するとともに、企業が着実に利益を計上して、地域インフラ（社会経済基盤）の更新投資のための税を支払うという、お互いの機能分担が発揮される環境が成立し、地域と企業が協創し、発展することが可能となるのです。

第３章　まち創り関係法を活かす

少子高齢化社会の到来を前に、過度の都市集中と地域過疎による地域経済格差を解消するために、政府は、過去の制度疲労から脱却し、「まち創り」によって、「しごと創り」を図る従来にない画期的政策目標を掲げました。

この試みは、今から少子高齢化社会を迎え、経済の構造的変革に対応しなければならない世界各国に先駆けて、日本が挑戦する政策モデルとなるものと考えられるのであり、その実現に国民が一体となって努力し成果を実証して、各国が明るい希望を以って対応できるような状況を創らなければなりません。

そのため日本のまち創り政策について、まちづくり三法、コンパクトシティ、経済特区、改正国家戦略特別区域法、レジリエンス法等の推移を検討し、地域経済革新手法の在り方を提言することとします。

「まちづくり三法」の革新を提言する

地域経済の活性化に寄与すべき、「地域の顔」といわれる商店街の在り方に関し「まちづくり三法」がもたらしている制度疲労について検討し、改正特区法、創生法等を活用した改革の方向性について提言することとします。

1999年「都市計画法」は用途地域を住居・商業・準工業・工業の他、高度・防火・景観・風致等の地区にゾーニング（土地利用規制）して、その線引きを、市区町村が行い、土地利用の適正化を図ることとしました。

また「中心市街地活性化法」は、中心市街地の空洞化や施設老朽化等を改善し、都市機能増進と経済活力向上を図るため、総理大臣が認定し、支援措置を強化・拡充することとしました。

２０００年には地域の流通に関して、大規模店舗と中小店舗との間に、長年にわたり、売り場面積や営業時間を巡り展開されてきた店舗規模別規制を定めた旧大店法を廃止し、交通渋滞回避・騒音規制・廃棄物処理規制等の地域生活環境の整備・確立をめざす基準に切り替え「大規模小売店舗立地法」としました。

このように「まち創り三法」の規制方法は、企業規模・立地・環境等に応じ、それぞれ多様であり、その主管府省庁も異なり、共管とされながらも、規制が異なって矛盾する場合も少なくなく、運用上で予期しない祖語（そご）が生じることも懸念されていました。

また金融面については、フィンテック（金融・情報技術融合）の高度化が進み、地域再生ファンドの活用や、ＩＣＴ（情報通信技術）を駆使するクラウド・ファンディング（ネットワーク経由資金調達）活用等の資金調達手法の多様化が進み、営業地域や経営規模により新たな規制が加わることも想定されました。

さらに都市から地方への移住問題について、コンパクトシティ問題と関連して、地域交通機関の整備が必要となり、これをまちづくり三法に反映し、一体化した課題として対応すべきであるとする見解も浮上しました。

その役割を果たすものとして期待されているのが、「次世代型路面電車」（LRT、ライト・レイル・トランジット）と、バス路線等をネットワークとして結び、乗降の容易性・運行の定時性・時間節約の速達性・乗り心地の快適性等の機能を備えた、地域住民の移動手段であり、その整備が不可欠と指摘されました。

今後、既存の路面電車をLRT（次世代型路面電車）に切り替える計画が進むものと考えられますが、1キロメートル最低で40億円という投資の負担は、地方都市には重く、財政投融資に依存しなければならない点において、簡単な課題ではありません。

しかしながらその建設・運営等を定めた「地域公共交通活性化・再生法」が制定され、財政投融資の支援を行ない、地方自治体が施設を建設し、運行は民間機関に委託して、低コストで合理的な機能を果たすように、地域事情にマッチする交通システムを地域が企画・立案することも、創生法の対象となるものと想定され、政策活用の可能性が高まるものと考えられます。

地域住民の移動を担う輸送機関への投資は、バラマキではなく、不可欠なインフラ（社会資本）ですが、その投資計画が、地域の承認を得られ、委託を受けた民間機関も、その経営を着実に軌道に乗せられるかが問題となります。

経営計画は、年月次別・乗客別利用者見込、稼働率計画に基づく運賃収入に加えて、自然災害による稼働の限界等を見込み、エネルギー費、直接人件費、運行諸経費、管理費、支払利息、償却費等を計画し、経理・、管理資料を整備し、キャッシュ・フロー（資金繰り）予定を立て、先行投資として妥当であるかが問われることとなり、相当のリスクを覚悟して当たらなければなりません。

また金融面の支援については、今後、地域金融機関を通じる地域再生ファンドの活用、ＩＣＴ（情報通信技術）を駆使するクラウド・ファンディング（ネットワーク経由資金調達）活用等に関し、創生法に基づいて、地域の提言が加えられ、対応可能な金融制度が求められることとなるものと想定されます。

コンパクトシティ（集約的都市）機能を活かす

鉄道の駅前に、中心商店街が形成され、その周りに住宅街が広がる、昔懐かしい町がモータリゼーション（自動車化）により、郊外へと外延化し、市街がスプロール（無秩序的拡大）化することに対し、生活環境の改善を目指す運動が、１９８０年代以降、アメリカの各地の都市に「ニューアーバニズム」（新都市運動）として発生し、安全・安心な都市建設を求める声が高まっています。

この動きがヨーロッパでは「コンパクトシティ」、イギリスでは「アーバンビレッジ」等といわれ、日本もコンパクトシティを用いていますがそのねらいは、車の排気ガスによる環境汚染を減少させ、徒歩又は自転車通勤で、職住接近とし、鉄道・バス等の交通機関を利用して、都市の文化機能を集約した市街地の形成により、自然環境を活かした住みやすく、快適な都市をめざすものです。

日本では少子高齢化により、東京への一極集中と地方の過疎化を回避するため、地方への人口移動を促す受け皿として、快適で健康な生活環境を建設する「コンパクトシティ」（集約的都市）構想が期待を集め、マスコミがその成功を讃えて、華々しく報道するところが出ましたが、やがて短期間で経営不振に陥り、開発が不発に終わる事例も発生しました。

クルマ社会になり、地域の賑わいの場であるべき、旧中心市街地の商店街が駐車場を持てないためシャッター通りと化し、治安が悪化し車を持たない高齢者が「交通弱者」「買い物難民」となることを救うために、期待されたコンパクトシティ（集約的都市）でしたが、計画した成果を発揮できず、債権者・債務者ともにその後始末 もままならず、地域の社会問題ともなった例もあります。

このような市街地再生というような大きな課題は、短期計画ではなく、長期計画として策定されるべきであり、１９５８年に開発が始まったといわれるパリ郊外のラ・デュファンスは、60年近く経った現在でも、老朽化したビルを建て替える建設計画が公募され、有名な設計家の手になる新高層ビルの建設が続いていて、完工年度が明示され、世界的なモデルとして、高く評価されています。

パリの旧市街地の文化遺跡と町並みをそのまま維持し、新たにラ・デファンスを長期計画で着々と建設し、高層ビルのビジネス街区・生活街区・文化街区の共存による職住接近で、私生活の質的充足感を創り出しているのです。

クルマ用道路・鉄道を全て地下に配置し、地表の広大な土地は緑の芝生に覆われた公園と自由通路とし、歩いて健康を保つ環境が整備され、整然と区画された街区は、少し歩くだけで、博物館・美術館を鑑賞し、オペラハウス・劇場街区で、観劇を楽しむことができる、安全な生活文化都市を形成しています。

またショッピング街には、商品搬入、物販に伴うゴミ搬出用の別通路、店員用通路、緊急時の顧客避難路も設けられているという完璧な設計と評価され、どこかのオリンピック・スタジアムにも、このような対応に学ぶよう、勧める人財がいなかったのかと、慙愧（ざんき）に堪えないところです。

コンパクトという言葉の意味は、徒歩可能な中心商店街に、公共施設窓口、医療施設、介護施設、理美容院等を集中させ、地域住民が必要とする最寄り品から買回り品まで取り扱う流通・サービス集積を併設し、無料図書館・共用会議室まで整える、行き届いた新たな街として、住む人に快適さをもたらす職住接近の生活拠点、家族交流拠点として、設計されることが期待されました。

開発当初には全国から視察者が訪れ、モノ作りとコト創り（催事）に宿泊者の来訪で街が潤い、「視察団体大歓迎」の垂れ幕が下がり、大道芸人も加わって地域に新鮮な雰囲気を醸し出し、商店主はその応対に追われながら、充実した日々を過ごし、中には成功をもたらしたカリスマ（権威者）と崇められ、物販業から退出し講演屋となって全国行脚する店主も出てきました。

しかしながらその投下資本は、多くの場合、地方公共体の第三セクターが負担し、その計画の未熟さから開設イベントの一段落とともに、宴の後の静寂が訪れ、コンパクトシテイを再びシャッター通りに逆戻りさせ、過去の悪夢を再現するところも出てきました。テナントが売れ行き不振で、賃貸料を支払えず撤退し、熱狂的な見学者が途切れれば、その後は坂道を転げるように、事業活動中断に踏み切る以外に方法がないという、最悪の事態を迎えることとなりました。

投下資金が地域市場から回収可能であるかを慎重に検討し、事業成果に責任を負うべき経営主体が未確定のまま安易な政策選択を認め、想定すべきリスクを無視したミスジャッチ（判断ミス）を招いたのであり、かえって地域住民の負担を増し、不便をもたらす結果となってしまったのです。

今後は地域がもっと慎重に検討を加え、成果が上がり先行投資が回収できる計画とすべきであり、コンパクトシティの構想と現実の実態とのギャップ（差異）は、その展開を思い止まらせる原因となるものと懸念されています。

構造改革特区から改正特区へと革新を進める

「特区」という用語を用いた最初の国は、中国とされていますが、その発祥の由来は、共産主義国家における計画経済体制の維持と、世界の多数国家で採用されている市場経済体制との調和を図るため、1980年代から地域を指定して、例外措置を設ける「一国二制度」を設けたことに、端を発するとされています。

日本では2003年に経済の構造的変革に対応するための「構造改革特区」として、規制の特例措置を地方公共団体が提案し、それを政府が検討し、その必要性と効果を判断して認定し、その事業の実施を評価・調査委員会が評価する制度としてスタートしました。

規制の特例措置として搭乗型移動ロボットの道路実証実験、短期雇用地方公務員の1年を超える在任の承認、外国人技能実習生の6人までの受け入れ、株式会社の学校設置、保育所の3歳未満児への外部加工給食の搬入、農業の経営・マーケティングに関する普及指導員の任用、長大フルトレーラー連結車搬送、濁り酒・果実酒・リキュールの一定要件下での製造等が緩和されました。

その一つの例として農家民宿に認められた「どぶろく特区」を挙げて、その特例措置の実態を確かめてみることとします。

疲弊する地域経済を活性化させるために、認められた地域内で農業を営み、自ら生産したコメを使って「どぶろく」を作り、区域内で営む農家民宿・レストランで提供することを条件とする制度であり、当時は珍しい試みとして、全国の関心を集めましたが、酒税法、食品衛生法を守る条件が求められ、10年以上経過した現在でも、全国で１２０件程度の承認に止まっているようです。

新潟県では、県が支援し「どぶろく研究会」を組織し、15組織が地域店舗販売、インターネット販売を行っていると報じられていますが、地域起こしというには範囲・条件が限定的で、話題を集めたものの、一時的ブームで終わり、現在では地元の事業者の努力で、漸く維持されていているといわれています。

これに対して今回の「改正特区法」は、地方公共団体及び民間事業者が密接な連携を図り、経済社会の活力の向上と持続的発展を実現することを目的とする、画期的な地域政策と位置付けて政府が認めるものです。

その対象案件は多数の分野に亘り省庁・産業の垣根を超えた、複合的課題に及んでいていわゆる「岩盤規制」の緩和をめざし、内閣府に担当大臣をおき、今後は国内外で求められていた規制緩和を強力に推進し、多数の特区が政令により、認められこととなるものと想定されています。

「改正特区法」は構造改革を重点的に推進し、国際競争力を強化しながら、国際的な経済拠点創りを促進することを目的としている法であり、先進国として、国内外から求められ続けてきた、日本の強固な規制を総合的、集中的に改革するために、必要な事項を定めた法律といえます。

政府が主導して、まちを構成する地方公共団体及び民間企業が一体となり、民間協創力発揮の場を創り、国内に止まらず、世界経済に寄与する政策を、めざしているものであり、かつて「前川レポート」で、日本が世界に公約した、国内市場を海外製品・サービスに開放し内需拡大政策を推進して、本格的に国際評価を高めるチャンスを創る政策とすることをめざしていました。

「国際協調のための経済構造研究」と題する、いわゆる「前川レポート」が作成されたのは、1986年であり、そのねらいは、一方的に輸出攻勢をかける日本の貿易政策に、先進国の一員として、国際協調に配慮し、「内需拡充と市場開放」を図るべきであるとする、警句を発する意味を持つものでした。

国際社会とのハーモナイズ（調和）を図るために、日本が果たすべき内需拡充は、政府が行う国としての公共投資、民間企業による設備投資、個人消費支出の全てを包含して開放することを求めるものであり、中でも世界が期待しているのは、海外商品の輸入自由化によって、旺盛な日本の個人消費を獲得することにあり、そのための制度設計が、日本政府に求められたものでした。

このような海外の要請に対応するためには、「まちの定義」も単なる商店街から脱皮し、顧客の所得水準に対応するカスタマイズ（個別仕様需要）欲求に応える丁寧な供給と流通の担い手が存在し、商品と顧客との出会いの場を創り、海外製品の実需を生む、「国際感覚を具え、知的対応が可能な経済活動を担う」まちを創ることへと、発想革新が求められたものと考えるべきです。

それは商業集積と合わせ、情報ネット上に作られる、サイバー（電脳）市場も含めた、多様な流通ルートを形成する情報通信システムにより、国内市場に受け入れられ内需として顧客を満足させるとともに、海外企業の要請に応えて「質的・量的」市場を成立させ、その持続を図ることが求められるものでした。

したがって改正特区法は、まさにその場を創出するための、日本経済飛躍の基盤創りを図る画期的政策であり、２００２年に設けられた構造的変革に対応するための「構造改革特区」とは、全く次元の異なるニュービジネスモデル（新業種・業態融合事業形態）の創出を図った政策ということができます。

これによって地域雇用を創出し、地域経済の成長と安定をもたらす、画期的展開が期待され、国内・海外ともに歓迎される政策と位置付けられます。

アメリカはQE（量的緩和）出口論として、失業率を6・5％とする基準を打ち出し、既に達成していますが、日本としても同様に無業者を有業者に切り替え、就業率を高めて小規模企業の振興による、経済成長の好循環体制を築くために物価対策と雇用対策とを両立させる政策として活かさなければなりません。

このような政策目的を果たすため、改正特区の条件として、次の基準を具えることが求められています。

①経済社会の向上及び持続的発展に、相当程度の寄与が認められること。
②経済成長に資する先駆的な取り組みで、一定の熟度（実現性）を有すること。
③目的達成のための、地域資源が存在すること。
④規制改革、制度改革に有効な施策の提案があること。
⑤地域・関係主体の合意、自助努力、成果目標管理が可能であること。
⑥運営母体となる、地域協議会が組織されていること。

経済国家戦略特別区域法を理解する

国家戦略特別区域法は「国際戦略総合特区」と「地域活性化総合特区」の二つ国家戦略特別区域を設けています。

「国際戦略総合特区」は、政府が、地域の包括的・戦略的なチャレンジをオーダーメードで総合的に支援し、「国と地方の協議会」を設置して、協働プロジェクトとして推進するものとし、「規制・制度の特例」「税制・財政・金融措置」等の政策支援を図り、日本経済の成長エンジンとなる産業・機能の集積拠点を形成する、先行投資とすべきものとしています。

そのため特例措置として、地域が責任ある関与の下で、区域限定の規制特例を認められることとし、それはあくまでいわゆる「丸投げ」ではなく、地域が責任を持って行う規制緩和であり、限定条件付きの先行投資と位置付けています。

また特例措置の対象として、ライフイノベーション（生命革新）、グリーンイノベーション（環境革新）等の生命・環境に対する本格的展開の突破口となることを求めて、企業の果たすべき社会貢献の在り方を明示し、事業展開の分野を、環境・エネルギー、バイオ・ライフサイエンス、農業、研究開発、国際港湾、アジア拠点、国際物流、コンベンション等と例示しています。

これに対して「地域活性化総合特区」は、地域資源を最大限活用する地域活性化に取り組み、地域力の向上を目指すものとし、事業展開の分野として、防災・減災、環境・次世代エネルギー、観光・文化、教育子育て、農業・農商工連携、金融、ソーシャルビジネス、バイオマス、医療・介護・健康、物流・交通等を挙げて、現在日本が直面している課題の全てを、網羅しているといえます。

これらの地域活性化総合特区は、法令による特例措置に加え、地方公共団体の事務に対し、地方分権を加速する突破口として、「条例」を設けることを認めるものとしています。日本の市場開放の必要性が唱えられながら、「岩盤規制」といわれるような、規制緩和の進まない分野が存在し、成果は遅々としていましたが、その障壁を一挙に砕こうとするのが改正特区法であり、その役割は、内需に活きる地域小規模企業が、主体となって地域経済を振興し、日本の成長を支える礎としての役割を果たすことが期待されている分野ということができます。

このような展開が可能となった背景には、従来にない情報通信技術革新が新たなマーケットの開発を促し、独自性・専門性を持つマイクロファーム（小規模企業）の存在が、情報開示により広く、国民に周知されることとなったことが、寄与しているものということができます。

スマホ（高機能携帯）により、公的にも私的にも、日本国民のコミュニケーション時間を大幅に増やし、さらに企業がＩＣＴ（情報通信技術）投資を強化して、全要素生産性（ＴＦＰ）を高めた成果がもたらしたものであり、情報システムの内需拡大に資した役割を、大きく評価し、それを維持・加速して、国民生活の質・量を高めることを図った政策と指摘できます。

この結果小規模企業が情報通信技術を活用して、海外製品の品質・性能等を理解し、丁寧な口コミ販促活動や、推奨努力等により、内需拡充を促進する役割を果たすとともに、合わせて小規模企業への参入を促して、創業や第二創業（既存分野から新分野への進出）の支援政策を活用し、海外製品を内需市場に導入する、流通システムの構築を図る、事業展開を促すことに寄与しています。

世界各国のグルメ向きとされる、メキシコのタバスコ、イタリーのバルサミコ酢、ベルギー産の冷凍野菜、タイのパクチー等の外来香辛料・海外産野菜類等を、日本に輸入している商社には、特定の海外製品を専門に取り扱う小規模企業が多く、また海外現地に居住中に、日常使用していた海外商品を、個人事業として輸入し、特定顧客を確保して安定経営を継続している事例もあります。

「改正特区法」は、医療、保育、雇用、教育、観光、農林水産等多分野にわたる産業別課題に対し、都市再生・まちづくり、ビジネス環境改善、歴史的遺産活用等の地域課題、少子化に対応する労働力活用、外国人登用活用等の規制緩和または廃止の両面から、実施指定区域の申請・認定に関して、特例事業を認めることとしています。

そうした分野は、大企業よりも、小回りが利き、小規模ながら、着実に持続して生産・販売・サービス提供する小規模企業が担う分野が多く、それが積み上がって、世界各国の製品・サービスの、輸入拡大窓口の役割を果たすものと期待されています。

また、このような小規模企業に対し、改正特区として金融支援（5年間の利子補給金支給）や税制改正支援（設備投資に伴う特別償却または税額控除、所得減税）、社会的課題解決に資する分野のソーシャルビジネスを営む中小企業への出資についての所得控除等を認めることとなるものと想定されます。

改正特区地域の政策目標を確認する

今後、続々と改正特区が誕生するものと考えられますが、取り敢えず２０１４年度と２０１５年度に対象となった地域について、主な内容が目標、政策課題、規制改革事項に分けて、公開されていますので、地域別に目標・政策課題・規制改革事項の概要を紹介することとします。

（１）東京圏：東京都、神奈川県、成田市

①目標：国際ビジネス拠点構築

世界で一番ビジネスがし易い環境の整備、世界から資金・人材・企業等を集められる国際ビジネス拠点の形成、創薬分野の起業・イノベーション、国際競争力のある新事業の創出

②政策課題：グローバルな企業・人材・資金等の受け入れ促進、女性を含め多様な働き方の確保、企業イノベーション促進、創薬ハブ形成、外国人居住者を含むビジネスを支える生活環境の整備、国際都市に相応しい都市・交通機能の強化

③規制改革事項：建築物整備、まちなか賑わいの創出、外国人滞在対応宿泊施設の提供、グローバル企業の雇用条件整備、外国人受け入れ在留資格の見直し、外国人向け医療の提供、健康・未病産業・最先端医療関連産業の創出、国際的医療人材の養成、MICE（会議・招待旅行・大会・催事等のコト作り）の事後会合・観光等の充実、法人設立手続き簡素化（書類の外国語対応、一元的窓口）

（2）関西圏：大阪府、兵庫県、京都府

①目標：先端医療技術の研究・応用

健康・医療分野の国際的イノベーション拠点、再生医療を始めとする先端的医薬品・医療機器等の研究開発・事業化の推進、チャレンジ人材の集まるビジネス環境を整えた国際都市形成

②政策課題：高度医療提供に資する医療機関・研究機関・メーカー等の集積・連携強化、先端的研究開発に関する阻害要因の撤廃、シーズの円滑な事業化・海外展開、チャレンジ人材の集まる都市環境、雇用環境の整備

③規制改革事項：再生医療等高度先端技術の提供（外国医師活用、保険外併用）

革新的医薬品・医療機器の開発（外国医師活用、保険外併用、有期雇用活用）、ベンチ

ャー企業・グローバル企業等に対する雇用条件の整備、国際ビジネス拠点の形成整備（建築物の整備）、まちなかの賑わい創出、外国人宿泊施設の提供、国際ビジネスを支える人財の育成、古民家活用による都市魅力向上・観光振興

（３）新潟県新潟市

①目標：；大規模農業の実現

地域の高品質な農産物・高い生産力を活かした革新的農業の実践、食品関連産業を含めた産学官連携、農業の生産性向上、農産物・食品の高付加価値化、農業の国際競争力のための拠点形成、農業分野創業・雇用拡大支援

②政策課題：；農地の集積・集約、企業参入の拡大による経営基盤の強化、第６次産業化及び高付加価値の食品開発、新技術活用革新的農業展開、農産物・食品の輸出促進、農業ベンチャーの創業支援

③規制改革事項：；農地の集積・集約、耕作放棄地解放、農業者の経営基盤強化、第６次産業化推進（農業生産法人設立、信用保証枠確保、農家レストラン経営）、食品の高付加価値化（食品機能性表示制度の活用）

（４）兵庫県養父市

①目標；中山間地農業の改革
農業における高齢者の積極活用、民間事業者との連携による農業の構造改革、耕作放棄地の再生、農産物・食品の高付加価値化、革新的農業実施、輸出可能農業モデルの構築
②政策課題；耕作放棄地の生産農地への再生、第6次産業化による高付加価値農産物・食品の開発、農業と観光・歴史文化の一体的な展開による地域振興
③規制改革事項；耕作放棄地の再生（農業委員会活用、農業生産法人設立）、農産物・食品の高付加価値化推進（信用保証枠確保、農家レストラン経営）、交流滞在型施設整備
（5）福岡県福岡市
①目標；雇用条件明確化による起業創出
雇用改革による国内外からの人と企業の呼び込み、起業・新規事業の創出、社会経済情勢の変化に対応した産業の新陳代謝促進、産業の国際競争力の強化
②政策課題；起業スタートアップ支援による開業率の向上、MICE（大規模展示会・催事等）誘致によるイノベーション推進、新ビジネスの創出
③規制改革事項；創業後5年以内のベンチャー企業の雇用条件整備、多様な外国人受け入れと在留資格の見直し、外国人向け医療の提供、まちなかの賑わい創出（地域を活かす

エリアマネジメント、古民家活用）

（6）沖縄県

①目標：観光ビジネス振興と大学院中心国際的イノベーション拠点の形成

②政策課題：外国人観光客の旅行しやすい環境の整備、地域の強みを活かした観光ビジネスモデル振興、国際的環境の整ったイノベーション拠点整備

③規制改革事項：外国人観光客の入国の容易化（ビザ要件の緩和）、入管手続きの迅速化、外国人ダイバーの受け入れ（潜水士試験の外国語対応）、海外からの高度人材の受け入れ（ビザ条件の緩和）

（7）秋田県仙北市

①目標：国有林野、豊富な土地・資源の有効活用

②政策課題：国有林野の民間開放による有効活用、臨床修練制度を利用した国際交流の促進（医療ツーリズム）、耕作放棄地の生産農地への再生、国内外観光客の誘致と観光拠点の開発、地域の安全対策及び第一次産業への無人自動飛行の利用（農地全般管理、農薬有効活用、農作物生育状況観測・評価等）

③規制改革事項：国有林野の貸付に係る対象者・面積の拡大、農業生産法人の設立環

境・経営環境の整備、後継者不在と耕作放棄地解消のための農業分野の制度整備、臨床修練制度活用外国人医師の診療、農業体験者の農家民宿への雇用拡大、国有林野活用の自動飛行の技術実証のための制度整備

（8）宮城県仙台市

①目標：女性・若者・シニアのソーシャル・イノベーション（社会起業）開業手続き迅速化、保育士不足の解消、産学連携による自動走行技術実証

②政策課題：女性・若者・シニア重視の意欲ある起業家輩出、起業手続きの迅速化、起業家・ベンチャー企業の経営の安定化・雇用の拡大、保育士確保・待機児童解消による女性の社会参加の拡大、被災対応・産業復興のための次世代移動体システムの実証促進

③規制改革事項：政令市の地域限定保育士試験の実施、待機児童解消のための都市公園内への保育所設置、ＮＰＯ法人設立認証申請時の縦覧期間短縮（迅速対応）、定款認証を行う公証人の柔軟な配置、社会的企業の雇用条件整備、まちなかの賑わいの創出（エリアマネジメント）、産学連携の下での自動走行等の近未来技術実証のための制度整備

（9）愛知県

①目標：第一次産業を含めた教育・雇用分野における規制改革

国内最大のモノ作り産業集積地における産業人材育成、次世代技術の実証、成長産業・先端技術の中枢拠点形成、第一次産業の規制・制度改革

②政策課題：公立学校における多様な教育の提供による産業人財の育成、農業の所得向上と成長分野への転換、先進医療の拡大、外国人を含めた雇用環境の整備、成長産業・先端技術の中核拠点形成

③規制改革事項：公設民営学校による高度なモノ作り産業人材の育成・確保、農地の集約・集積、耕作放棄地の解消、企業の農業への参入促進、農業者の経営基盤の強化（農業生産法人設立、信用保証制度枠確保）、第６次産業化推進（農家レストラン経営）、グローバル企業に対する雇用条件の整備、多様な外国人受け入れのための在留資格の見直し、高度な先端医療の提供（保険外適用）、有料道路管理の民間開放、自動走行等の近未来技術実証のための制度整備

規制緩和の対象案件を理解する

改正特区法により、日本経済の成長に資すると認められた規制特例案件は、地域ごとに

多様であり、重複しているものも多数ありますので、案件分野別に分類して理解することとし、次のようにまとめました。

今後も地域毎にユニークなアイディアが発案され、地域経済の活性化が図られるものと想定され、政令により定められた規制特例案件を、随時案件別に分類し、整理して理解するとともに、成果を挙げた案件が出てくれば、他の地域もそれを活用し、改正特区を申請して、ビジネスチャンス（事業機会）として挑戦し、地域経済の活性化と安定化を実現するよう努力することが望まれます。

（1）起業・開業

法人として組織するために必要な公証人の柔軟な配置（公証役場外の定款認証）、スタートアップの支援による開業率の向上、法人設立手続きの簡素化（外国人対応外語書式、一元的窓口）、ＮＰＯ法人の設立手続きの迅速化、起業者・ベンチャーの経営安定化・雇用拡大等の規制緩和が検討課題となります。

（2）医療

高度医療に資する医療機関・研究機関・メーカー等の集積及び連携、先端医薬品、医療機器の開発に関する阻害要因の撤廃、先端医療の拡大・提供、病床数規制の特例による新設・増床の容認等を求める案件等が検討課題となります。

また日本の医師不足解消、医療・介護等の国家財政負担を軽減するための、医療制度の見直しが求められ、外国医師の受け入れ・活用、外国看護師の業務解禁、臨床修練制度を活かした医療ツーリズム受け入れ、外国人医師の診療所における診察、外国人医師による診療範囲の拡充、保険外併用療養の拡充、医学部の新設、外国人向けの医療の提供等の規制緩和案件が検討課題となります。

（３）保育

保育士の不足解消のための「地域限定保育士」制度による試験の創設、都市公園における保育所設置の解禁等で、女性の活用促進を図るための特例を求める案件も、重要な検討課題となります。

（４）雇用

グローバル企業の雇用条件の整備、多様な外国人受け入れのための在留資格の見直し、海外からの高度人材受け入れのためのビザ条件の緩和、ソーシャル・ビジネス（社会的企業）に対する雇用条件の整備等に、新たな規制制度への取り組みを求める特例を、地域として提言することが検討課題となります。

（5）教育

国際ビジネスを支える人材を養成する「公設学校」運営の民間開放、チャレンジングな人材の集まる都市環境・雇用環境の整備、公立学校の多様な教育の提供による産業人材育成等の規制緩和の特例が望まれていますが、地域経済発展のための人材育成は、基本的課題であり、この段階から積極的な長期計画として、特例を認めるよう、提言することも検討課題となります。

（6）観光

日本の少子高齢化社会による人口減を補う方法として、観光産業の後進性から脱し、他の先進国と同様のＧＤＰ（国民総生産）の10％程度を、観光事業に就業できるようめざすべきであり、外国人労働を自国民と見做す発想によって、その付加価値を、日本の豊かさに加算すべきであるという見解もあります。

ショッピングツーリズム（買い物旅行）、医療ツーリズム（疾病予防、発病対処旅行）、産業ツーリズム（国際産業交流旅行）等の受け入れの障害となっている、観光産業の規制を緩和して、積極的に取り組むべきであるとする特区案件が、多く取り上げられ、検討課題となることが想定されます。

地域観光資源の活用を図るため、国内では、地域が主体性を持って進める住民・事業者・地権者の自主的な協力による「エリアマネジメント」（地域経営）手法を活用した、地域ぐるみの経済活性化への取り組みが求められています。

その一端として、「まちなかの賑わい」創出のための民間努力に対する支援、古民家等の歴史的建造物の活用のための建築基準法の適用除外、イベント等のための道路の占用基準の緩和等の特例が検討課題となるものと考えられます。

外国人観光客・ビジネス客について、大規模なＭＩＣＥ（マイス、会議・報償旅行・国際会議・展示会等の一体化大催事）によるイノベーション機会確保、外国人観光客の入国の容易化（ビザ要件緩和）、入管手続きの迅速化（民間委託）、外国人受け入れの在留資格の見直し、国際的イノベーションの拠点整備、外人滞在施設の旅館業法の適用除外等の、特例適用が検討課題となります。

（７）農林水産業

地域経済の振興が、最も実現しやすいのが農林水産業分野であり、耕作放棄地の解消のための生産農地としての再生、農業者の経営基盤の強化、農地の集約・集積と新技術を活用した革新的農業の展開、６次産業化推進、農業ベンチャーの創業、国際競争力拠点形成等のための農業生産法人の設立環境整備、信用保証制度適用、農業委員会の特例等が検討課題となります。

さらに積極的な農産物及び食品の輸出促進、食品の高付加価値化（食品機能性表示制度の活用、地域ブランド化推進）、農家レストランの経営、農業と観光・歴史文化の一体的な展開、農業体験者の農家民宿経営適用要件の拡大、国有林野の民間貸付・使用の拡大、農業委員会と市町村の事務分担方法等が検討課題となります。

（8）近未来技術

今後の「近未来技術実証特区」として、地方再生特区のフラックシップ（最重要）と、想定されていた規制緩和案件には、特区における遠隔医療、遠隔教育、自動飛行、自動走行等の特例を設けることが検討課題となっています。

このうち、既に秋田県仙北市は、国有林野を活用した自動飛行の技術実証のための制度整備に関して、ドローン（小型無人航空機）を山林上空で、被害を与えることなく、妨害もなく飛行できることを挙げ、規制緩和を求めています。

宮城県仙台市は産学連携の下での、自動走行のための制度整備を求め、愛知県も世界の自動車産業の頂点に立つ地域として、自動走行等の制度整備に関する規制緩和（騒音・排気ガス・事故防止等）を求める特例適用を求めています。

既に自動車を情報機器の端末と見做すグーグルや、世界各国の自動車メーカーが、しのぎを削る自動走行車の競争に勝つために、改正特区制度活用の準備を進めていることが明らかとなっていているのであり、今後、このような先端技術開発に伴う規制緩和が、改正特区の検討課題となる可能性が高いものと想定されています。

レジリエンス（復元力）で安心を確保する

まち創りの基本課題として、産業集積、流通・サービス集積、住居集積のいずれにおいても、その立地環境は、自然災害の発生が少なく、防災対策が整備された立地条件のもとで、安心・安全・安定した地域であることが望まれ、その持続が図られることが、期待されています。

しかしながら地球上の立地は、天与の条件であり、自然条件、地政学的位置等により、人為的に望ましい選択が可能となるのは、極めて稀であり、想定外の事態を想定し、不安定の中での防災・減災予防策、被災後の早期復旧等の受け身的な対策を講じ、幸運に期待する以外方法が見出せません。

日本は地震国、水害国といわれながらも、それらの災害を克服して、先進国の地位を得ましたが、東日本大震災により、世界のサプライチェーンに影響を与えていることが、2013年冬のスイス「ダボス会議」の「グローバル・アジェンダ（地球規模行動計画）の中で取り上げられ、その対応が議論を呼ぶこととなりました。

ダボス会議は、世界で起きている異常気象変動の激化に伴い、その脅威を克服し、それに対応してサステナビリティ（持続）を図るために、2005年のアメリカニューオーリンズ市のハリケーン「カトリーナ」対策、2007年のイギリスのテムズ河周辺の大洪水対策等に対する「重要インフラレジリエンスプログラム」（経済基盤復元力）の検討を、世界的な重要課題として取り上げました。

したがって、日本が標的ではなかったといわれていますが、課題とされた理由の一つとして、経済的競争力を強化している先進国の日本が、原発事故国として、リスクマネジメントへの備えが低いという見解が、レジリエンス（災害復元力）の整備を急ぐ、一つの動機となったものと類推することができるのであり、その説明責任が期待されていたものと、受け止めるべきでしょう。

レジリエンスという用語は、物理学から始まり、精神医学にまで用いられ、それが企業経営全般、さらに政治や経済においても幅広く用いられ、「強さとともに柔軟さを以って対応する」ことを意味する英語であり、日本では、あまり普及していない言葉ですが、今後は理解し活用すべき経済用語といえます。

日本政府はダボス会議の指摘を、意識したか否かは明確ではありませんが、２０１３年「国土強靭化基本法」を制定し、その法案名は参議院通過後、衆議院で「強くしなやかな国民生活の実現を図るための防災、減災に資する」を加えられて、長い法案名となりました。

この法の在り方を検討するために設けられた懇話会を、「ナショナル・レジリエンス（国家防災・減災）懇話会」と短縮して英語名とし、それに伴い法案名も「レジリエンス法」と略称されることとなりました。

ここまで法案名が変わった経過には、ダボス会議で指摘された、日本の災害対応力の弱さを払拭したいという政府の思いと、震災災害復興事業が「バラマキ」と批判されることを懸念し、「大規模自然災害対策」と明記して、批判をかわし、先行投資であることを強調しようとした苦心の知恵とも考えられます。

そのため基本法は政府が定め、都道府県、市区町村は、政府の指針・手引きの下で必要な見直しを行い、指針を定める、いわゆるアンブレラ（傘）計画と位置付けられ、その傘のもとで地域計画を定め、実行することとしています。

地域強靭化計画の基本的な進め方は、強靭化の目標の明確化、リスクシナリオ（最悪事態対応）、強靭化施策分野の設定、脆弱性の分析・評価、課題の検討、リスクへの対応方法の重点化・優先順位付けとし、計画の推進と不断の見直しにより、国への相談を行うものと定めています。

「レジリエンス法」の基本理念となっているのが、大規模自然災害に対する事前防災及び減災、迅速な復旧であり、そのための国民の生命、身体及び財産の保護並びに国民生活・国民経済に及ぼす影響の最小化を図り、自助・共助・公助を、有効に活用することを、解決策として折り込んでいます。

さらに起きてはならない最悪の事態として、次の15のプログラムを上げ、具体的な対応策を確立するよう求めています。

①大都市の建物・交通施設等の複合的・大規模倒壊、住宅密集地の火災による死傷者の発生

②広域にわたる大規模津波等による多数の死者発生
③大規模火山噴火・土砂災害（深層崩壊）等による多数の死傷者の発生、その後の国土の脆弱性が高まる事態
④異常気象等による広域かつ長期的な市街地等の浸水
⑤情報伝達の不備等による避難行動の遅れ等による多数の死傷者の発生
⑥被災地での食糧・飲料水等、生命にかかわる物資供給の長期間停止
⑦自衛隊、警察、消防、海保等の救助・救急活動の絶対的な不足
⑧首都圏での中央官庁の機能不全
⑨電力供給停止等による情報通信の麻痺・長期停止
⑩サプライチェーンの寸断等による企業の生産力低下による国際競争力の低下
⑪社会経済活動、サプラーチェーンの維持に必要なエネルギー供給の停止
⑫太平洋ベルト地帯の幹線が分断する等、基幹的陸上・海上交通ネットワークの機能停止
⑬食糧等の安定供給の停滞
⑭電力供給ネットワーク（発変電所、送配電設備）や石油・ＬＰガスサプライチェーンの機能停止

⑮農地・森林等の荒廃による被害の拡大

なお、施策分野の推進方針には、個別12分野、横断3分野が上げられていますので、課題分類の整理に当たり、参考として活用するよう勧めます。

個別12分野（行政機能）；①警察消防等②住宅・都市③保健医療・福祉④エネルギー⑤金融⑥情報通信⑦産業構造⑧交通・物流、⑨農林水産⑩国土保全⑪環境⑫土地利用（国土利用）

横断的分野；①リスクコミュニケーション　②老朽化対策　③研究開発レジリエンス（復元力）に関連し、頭の痛い問題点となっているのが、インフラの老朽化であり、世界の主要国の都市が、いずれもその問題を避けて通っているというような指摘が、目に付くようになりました。

イギリスの経済紙「エコノミスト」の報じるところによれば、ロンドンの水道管についてて半分、ドイツでは鉄道橋の3分の1が100年前の代物、アメリカについても橋は建造後42年、ダムは14，000が「極めて危険」、15万が「不完全」と指摘しています。

アメリカで走行できないフリーウェイ、渡れない橋の交通止めを何度も経験している立場から考えれば、立ち寄る地域の、安全な橋やダムのガイドブックを、必須の携行本としなければならないと考え込まなければならない昨今です。

日本でも東名高速の笹子トンネルの天井板の崩落事故が大きな問題となりましたが、国土交通省の「社会資本整備審議会・交通政策審議会」の「今後の社会資本の維持管理・更新のあり方について」と題する参考資料を見ますと、慄然とするような状況が報告されています。

例えば建設後50年以上経過する社会資本の割合が平成25年（２０１３年）においては、道路橋８％、トンネル20％、河川管理施設25％、下水道管渠２％、港湾岸壁８％で、老朽化していない状況にあるものと考えられますが、30年後の平成45年（２０３３年）には下水道管渠の24％を除き、全て50％を超え道路橋67％、河川管理施設64％、トンネル50％が老朽化を迎えるとしています。

これに加え、道路の維持管理・更新業務を担当する職員数を見ますと、５人以下という町が69％、村では93％を占め、道路で巡視・点検できていないとする市区町村が６％、点検マニュアルに基づかない市区町村は17％と、驚くべき状況であり、インフラ投資と共に、その巡視・点検に当たる技術職員の不足が、今後の改革を要する重要な課題として潜在化していることを示しています。

人口において少子高齢化に達し、社会福祉による財政負担問題が、政策の最優先課題となっていますが、もう一つ潜在している巨額予算を必要とする、インフラ（社会経済基盤）の老朽化に、どう対応するかも頭の痛い問題です。

老朽インフラに対する建設投資を怠らないよう、先行投資の財源確保対策として受益者負担制度、ＰＦＩ（民間主導社会資本整備）による維持管理、通行税制、定期メンテナンスへのファンド活用等の対策を長期的に確立する制度が設けられるよう提言しなければなりません。

第１編　第３章　「まち創り関係法を活かす」要点イラスト

まちづくり３法

1999 年「都市計画法」；ゾーニング（用途地域指定：住居・商業・準工業・工業、高度・防火・景観・風致）

1999 年「中心市街地活性化法」；都市機能増進、経済活力向上

2000 年大規模小売店舗立地法；交通渋滞回避、騒音規制、廃棄物処理規制

今後の課題

金融課題

都市環境整備投資；フィンテック〈金融・情報技術融合〉による多様化

地域再生ファンド、クラウド・ファンディング、地域住民私募債等

交通対策

ライト・レイル・トランジット（次世代路面電車）投資；1Km40 億円

地域公共交通活性化再生法活用、路線バス活用システム連携民営化等

コンパクト・シティ

集約都市構想；排ガス汚染対策、都市文化機能整備、快適生活

成否事例；パリ郊外ラ・ディファンス成功、国内成否両極事例

国家戦略特別区域法活用

2002 年構造改革特区から国家戦略特別区域法への革新

狙い；国際競争力強化、国際経済拠点創りのための広範な産業分野の地域雇用創出、地域経済安定と成長実現

地域事例；東京都国際ビジネス拠点、養父市中山間地農業

まちの安全確保

発端 2013 年ダボス会議；世界異常気象対策、インフラレジリエンス

国家防災・減殺懇話会、大規模災害対策、老朽インフラ補修・整備

第2編　ひと創り

創生法は、基盤経営資源である「ひと創り」に関して「地域社会を担う個性豊かで、多様な人材の確保」を図ることを目的とすると定め「人材」を用いていますが、本書では敢えて「人財」を用いることとしました。

企業の経営資源として一般的に「ヒト・モノ・カネ」等をあげますが、ヒトはモノ・カネのような意思を持たない無機質の経営資源とは異なり、意思を持って仕事の改善や改革をもたらす根源的な上位の財であり、敢えて「人財」を用いるよう提言してきましたので、それを踏襲することとしたからです。

その人財に求められる要件として、「職業意識の改革」「就業意識の設計」「人財育成」「楽しい学習の在り方」を挙げ、詳細に提言することとします。

第1章　職業意識の改革を求める

毎日激動する経営環境の変革に対して、企業も従業者も、絶えず新たな経営課題の解決に取り組まなければなりませんが、その際、従来の慣行や惰性の延長戦で漫然と対応するのではなく、新たな「職業意識」を以て革新的発想で職務に取り組むことが望まれます。

ここに職業意識というのは、企業が人財に求める期待感である「人財観」と、人財が企業に対して求める「企業観」との双方を指すものとします。

常に経営環境の変革を受けて起こる、双方の職業意識のギャップ（差異）を解消しなければ、円滑な企業経営の継続が困難に陥るのであり、安定経営を持続するためには、双方が職業意識を革新し向上を図らなければなりません。

企業は従業員に対する「人財観」を革新し、従業員には「企業観」を革新することが求められますが、その実現に当たっては企業規模により異なる対応となるものと考えなくてはなりません。

大手企業では専門の人財組織が担当し、通常業務として計画的に研修会や説明会を開いて人財教育訓練を通じて、求める人財観を明らかにして、コンプライアンス（遵法）のもとで、従業員の求める企業観とのマッチング（合致）を図り、合理的な論理構成により一貫した説明を行って理解を求めています。

これに対して地域創生の主な担い手である小規模企業（マイクロファーム）では、事業主と従業員がともにそれぞれの置かれた状況を理解し、自己の限界を知り、力量を超えない「身の丈」を意識した状況の中で、ある程度の妥協と協創により理解し合い人財観と企業観のマッチング（一致）を図り、あるいは折り合いがつかず、雇用関係を解消するかを選択して解決しているのが通例です。

このような実態を前提に、大手企業に対しては、定時新卒者採用制度とリストラによる勧奨退職制度に関してその適正なあり方を提言し、人財観の革新を図るよう求めることとします。

また従業員に対しては、大企業志向、高級職志向の企業観を修正し、自己の能力に見合う企業観が充足される企業規模を選択して、仕事を楽しむ「ゆとり」を持つように助言することとしました。

また双方にとって、見解が異なるとされる労働時間に関しても、経営環境の変革に対応し、事業主と従業員とが法の定めを守りつつ互恵の配慮を以てともに理解し合い、良好な関係が持続できるように勧めなければなりません。

しごとの改善により得た「省時間」を持て余し「消時間」できないためテクノストレス（精神不安定）に陥り、メンタルヘルス（精神的健康）を図らなければならない「働きが生きがい人」に、特に贈らなければならない助言として、働く時間と個人の自由時間との、バランスを保つよう求めることが必要となります。

大手企業に定時新卒者採用の革新を求める

少子高齢化による労働力人口の減少が、現実となっている中で、人財を採用する大手企業の定時採用制度と「採り溜め」、その結果起きる勧奨退職制度に関して従来の人材観を革新するよう、助言しなければなりません。

先ず長い間続いている定時新卒採用制度の問題点として、新卒就業希望者の大手企業志向を幸いと、「求人活動解禁日」を申し合わせ、「就活」により大学生の学習時間を短縮させるような、統一採用パターンを改革し、必要人財を必要時に採用する、通年採用制度へと改革するように発議する人財担当者が現われることを期待するものです。

「就社希望者」に対して意識改革を求めることが筋という見解もありますが、ここは企業が新学卒予定者を卒業前に「内定」通知で「青田刈り」し、早期採用する定期新卒採用システムが、大学生の学習に齟齬をきたすことのないよう配慮し、「社会の公器」として反省し是正するよう求めなければなりません。

　大手企業は、将来を嘱望される幹部社員の確保を図るため、定時新卒採用を職務とする人事部、採用部等を配置し、大量の大卒者を採用する慣習を固守していますが、企業の社会的責任（ＣＳＲ）の立場から、自発的に再考を促す役割を、人財採用担当者に期待したいところです。

　企業の浮沈は、その対象とするマーケットの存在にかかっているのであり、市場低迷にもかかわらず、新卒者を美辞麗句で迎えて「採り溜め」する行動は、社会が必要とする有用人財を束縛し、成長分野への就業を妨害する、反社会的行為となる可能性を自覚するよう求めなければなりません。

　これによって無定見な定時新卒採用を繰り返し、それが過剰雇用をもたらし、企業の重荷になったからと「リストラ」という言い訳用語を使い、早期退職を求める人事政策に抜本的革新を求めなければなりません。

　また一企業の過剰採用により、必要人財を採用できなかった他の企業の被る潜在的損失についても、配慮すべきです。

　少子高齢化社会に入り、労働人口の減少に対応し、企業が自主的に取り組むべき課題であるとともに、労働行政の一端として政府が自粛を求め、あるいは第三者の立場から公平な機会確保を図るよう提言すべき課題ともいえます。

さらに採用試験の持つ問題点にも触れなければなりません。

採用試験の大部分が記憶力を前提とする選抜である限り、創造的思考を駆使できる人財の力量を判断することは不可能であり、試験科目に創造力を評価できる選考基準を加えることも必要という見解もありますが、現状ではその完成版は存在しないものといわなければなりません。

最近は、脳科学の進化により、潜在力も加味する採用試験となっているという指摘もありますが、結局は経営課題に実際に直面し、創造性を発揮し、成果を上げ得るか否かを、定時採用試験に期待することに無理があると考えるのが常識といえるでしょう。

したがって採用後に職務対応能力を実務で経験させ、それを上級職が評価して、適性を活かせる職務に配置する以外に方法がないと考えるべきです。

努力して大手企業のトップに就任した人財は、異口同音に「良き先輩」「時の味方」に恵まれたことを感謝し、最後には「苦境の克服」「あの時の判断の的確性」に触れ、自己能力を暗に自賛し、上り詰めた自信を吐露しています。

そのキャリア（経歴）の中で、判断の場が与えられ、その中での創造的決断をしたことが効いているのであり、採用試験の時から持ち合わせたものではなく、採用後に現場を経験し、自らの才能と努力で築いた幸運なのです。

その意味では、採用試験において、試験問題を増やし、面接質問を幅広く設定したとしても解決できる問題ではなく、実務現場における職務遂行成果で評価すべきであり、ここに人財担当者が、公正・公平な「目利き力」を発揮できるような教育訓練を丁寧に行うことを求めなければなりません。

また人が人を判断することの妥当性も根本的課題であり、その手法として官能検査に用いられる5段階評価を用いることで、合理性や科学性を保とうとする試みもありますが、採用者側の感情的判断が働くことを避けられず、公正・公平にも限界があり、統計的手法で説明できない部分が多いものといえます。

人財のアウトソーシング化が進み、外国人の採用も行われる実態を考慮すれば、古い人事労務管理発想に基づく、新卒定期採用の妥当性を、個々の企業の人財担当者の手で再検証し、改革を図るべき課題といえます。

定時新卒採用を、必要時雇用可能な「通年採用」に切り替え、就学中のインターンシップ参加状況、現場作業の機器オペレーション技術・メンテナンス技術の習得成果、できれば将来の資質向上の見込み等も加味して「職務型」人財採用制度を設計する、人財担当者の目利き力が、求められることとなります。

また日本の人財制度には、アメリカやヨーロッパの先進国の経営用語をそのまま用い、本当の意味を明確にせず、異なる意味合いとして用いている事例があり、その代表例が「リストラ」です。

本来は「リストラクチュアリング（経営再構築）」であり、企業の再生・再建であるのに、「勧奨退職制度又は早期退職制度」という言葉に置き換えられ、対象員数目標を決め、一定申込期間で締め切って淡々と実行され、それを機に人件費節減分が、収益回復に転ずるのが、昨今の実態であり、中途退社を余儀なくされる従業員に対し、もっと配慮することが求められます。

リストラは企業が、招くべくして招いた人財政策の失策の結果であり、その社会的責任を明確にすべきであり、やむを得ない手段と訴え、記者会見で担当役員が頭を下げるお定まりの芸当で、犠牲者を排出する行動には、社会的糾弾を受ける前に、人財担当者が企業内で、その非を訴えるべき問題点といわなければなりません。

入社以来、企業のために「産業戦士」として活躍し、企業業績に寄与してきた人財に、退職を勧奨し、僅かの割増退職金で、明日の予定のない人生を送らせる安易な無責任人事は、許されないとする人財担当者の正義感に、期待しなければなりません。

対象者に、割増退職金の算出根拠を説明し、納得してもらうとともに、エンプロイアビリティ支援教育（再雇用能力育成支援教育）、再雇用ビジネス・マッチング（人と企業の就職合意）支援等について、個人情報が漏洩しないよう万全の対策を講じ、親身の相談相手となる、人財担当者の知恵が求められます。

対象者の生活環境に関しては、個人の資産蓄積状況や、家庭生活状況により個人別に差異があるのが当然であり、それぞれの家族構成（通学中の学童・学生、身体障害者・要介護家族等の存在）や住宅ローン（残高、退職後の返済可能性、住居継続利用希望度）等について、親身になって生計が成り立つような助言を行うことが、人財担当者の務めと心得なければなりません。

「働きたい元気な高齢者」を勧奨退職制度により放出するだけでなく、雇用機会を見つけ出し、就業者として復活するよう支援する人財担当者の働きにより、社会貢献する企業となることを望みたいものです。

給与よりも、仕事があることにより、生き甲斐を見出したいとする、元気な高齢元職員に対し、願望を叶える企業が増加し、「年齢不問」という求人企業数を増やす、人財担当者の知恵にも期待したいところです。

今まで我慢してきた「雇われの身」から離脱し、好きな仕事を選んで転職し、あるいはひと踏ん張りして、「事業主」として小規模企業（マクロファーム）を自営するよう勧めるのも、人財担当者の役目であり、勧奨退職制度の一環に「自営起業支援プログラム」を加えるよう要請しなければなりません。

これらの措置は、個別企業に止まらず、政府の雇用対策としては「雇用のセーフティネット（安全網）」として制度化され、またナショナルミニマム（国家保障最低限支援）も規定されているのであり、人財担当職員はそれを熟知し、活用する幅広い対応力が求められているものと考えるべきです。

人手不足に悩む企業者は人財を求め、手帳に予定を書き込みたい元気な就業希望者は仕事を求めて、不整合（ミスマッチ）が起きていますが、そのマッチング（合意）を図るシステムの確立は、企業の人財担当者が果さなければならない社会的課題と考えるよう求めなければならないところです。

求職者に職業観の改革を求める

国民の職業選択基準は、個人により異なりますが、一般的には就業により得られる所得が高く、個人の適性にマッチする楽しい仕事であり、勤務地としても健康な生活を楽しめる気候・風土であることが望まれるものと考えられます。

労働の対価として従業員に支払われる賃金・給与・手当・賞与等の所得も高い方が望ましいとされ、高い所得を得ることのできる業種・職種への就業を志向することは当然のこととされています。

高度成長を経て、成熟経済期に入ってからは、所得より仕事により得られる、精神的充足感が重要とする見解も、強くなりつつあるともいわれますが、それは一部高給職者に限られるものという反論もあります。

このような判断は、個人の出生による資産格差と、就業による所得とその運用手法格差に関係するものであり、個人により異なり画一的ではないのが当然といえます。

今後を展望しますと、15歳から65歳の「労働力人口」が、50％ワレとなり、働き手が少なくなる状況を改革するために、求人側と求職者とが、ともに古い職業観を払拭し、新たな職業観に立って就業者数を増加できるように働きかけることが求められることとなります。

この結果、日本が世界に誇った「日本型経営」の職業観を革新し、楽しい新たな日本型経営を構築するために、求職者が大企業志向、高級職種志向、高給職種志向等の古い職業観から、好きな仕事を選び、その職務を遂行するために、理論学習と現場実習により資質の向上を図り、習得した「知識を知恵に変え」就業者となり、社会貢献をめざすように期待されることとなります。

したがって従業員として大企業に雇用されることが、中小企業に入るより、給与面、社会的なステータス（地位）の満足感、勤続可能期間等の全てにおいて、優位であるという従来の発想を改革するよう求める発想転換も、個人の選択肢として重要ということができます。

新入社員として入社する時は大企業であっても、経営環境の激変が、その大企業に経営不振をもたらし、早期退職の「肩叩き」の対象となることも稀ではない時代に入っています。

入社した時は中小企業であっても、市場が成長して株式を上場し、大手会社となるケースも起きるのであり、この実態を直視し、大企業志向を是正し、予期しなかった非就業者の群れに入れられるより、自らの意思で中小企業入りを選択し、将来の不安を回避する生き方を、選択することも想定しなければなりません。

証券市場用語として「アノマリー」（説明できない異例）とされていたことが、今では不規則で、再現性のない経済社会の一般的動向を指すものとして用いられるようになり、さらに「想定外」を経営不振の理由として用い、責任回避の「言い訳用語」としてしまいました。

2010年にアメリカ連邦準備制度理事会（FRB）議長バーナンキが、発した有名な「異例の不確か」（アンユージャリー・アンサーティンリー）なる発言は、過去の経験則の通用しない深刻な事態に、金融専門の世界の大御所が、戸惑いを隠せなかったことを、明かしたものと受け止めなければなりません。

これを客観的に見れば、平和で豊かなモノ飽和経済が出現し、過去の「不充足の下における市場競争原理」が、通用しなくなった経済の進化を意味するのであり、経済専門家の将来予見技術のハードルが上ったものと理解できます。

この結果、求職者の大企業志向は、過去の物語となり通用しないことも起こる時代に入ったのであり、ここに将来を的確に予見し、実現性の高い経営革新を実行して、安定経営を持続する企業の雇用力が期待されることとなります。

企業の職務は大きく分類すれば、創造力・管理力を求められる「総合職務」と、必要な期限までに、正確に仕事を処理することが求められる一般職・補助職等の「恒常職務」の二つということができます。

総合職務と恒常職務の選択に当たり、どの能力を具えているかを自己評価し、遂行できる可能性のある職務を選んで、実績を上げて高い評価を受けることにより、高い所得を手にできるのが、従来の求職者の正常な進路でした。

高度成長を経て、バブルの絶頂期に、管理職に昇格し、ネクタイ・上着を着用し、個室で専属秘書を使い、稟議書を決済し、部下を呼んで指示し、会議に参画して主役を務めるという、ホワイトカラーの「机上職務」は、カッコ良い憧れの職務であり、そこに就いた人財は高給を手にし、意気軒高でした。

勤務時間が過ぎれば、差し回しの社用車で、得意先との打ち合わせが、お決まりのコースとなり、得意先とホテルのファイブスター級のグルメを味わい、その後、クラブを経て、ハイヤーで午前様帰宅が日課という人物もいました。

ところが高度成長が終焉し、舞台は暗転して、ＩＣＴ機器が日常業務に取り入れられ、管理職相当の年齢に到達してもモバイルやパソコンの操作を覚え、店内や倉庫、工場現場、作業現場で光学的読み取り装置（ＯＣＲ）を使い、モバイル（移動端末）で報告する情報端末の作業者としての日常職務を課されるのが当たり前な時代となりました。

全ての現場情報はオンラインリアルタイム（直接即時）で、ディスプレー（表示端末）に表示され、管理職が出向いて指示を与える作業を不要としました。

その上、管理職の主要な職務であった、目標と実績の乖離を指摘し、部下にその責任を追及する職務は、システムに組み込まれたアプリ（応用業務ソフト）に基づき、現場が直接把握し、対応処理する職務となってしまいました。

かつて管理職とは花形大卒者の指定席でしたが、大学数の増加と少子化により、「大学全入時代」を迎え、だれでも大卒者となれる時代となり、敢えて言えば、本物の大卒者の他に「高卒程度大卒者」「中卒程度大卒者」が混在することとなり、同じ大卒者といっても「ピン・キリ」の状態なのです。

有能な才能を持ち、評価されてホワイト・カラートップと自負していても、電子機器とセンサーで集めたデータを監視する、コントロールセンター（中央情報管理所）に配属され、部下もなく、ひたすら計器を覗き込む監視業務くらい、緊張を求められながらも、退屈な職場はないのであり、誇りが喪失し、神経を冒されるテクノストレス（精神不安）を発症させる職場が増えているともいわれます。

部下もいない単独業務は、もはや部下に命令し、羨望の目で見られる専決権を持つ、過去のエクセレント（卓越）ホワイトカラーの存在を不要のものとし、その余波で「相当職、担当職、待遇職」が溢れているのが現実です。

最先端職制と期待されながら、マニュアルに基づき、情報機器に組み込まれたアプリ（応用ソフト）の表示を検索するに過ぎない、職務を担当しなければならない人財は、創造力、管理力を発揮する機会を持てない、不遇な存在と化してしまっているのです。

情報機器の吐き出す膨大な書類の山に囲まれたのも、過去のことであり、情報のセキュリテイ（安全確保）のため、全ての情報は電子媒体化され、どの情報がどこにあるかも、パスワードがなければ知ることができない時代です。

使いやすいアプリ（応用業務ソフト）を利用しなければ、デーリーワーク（日常業務）すら処理できず、かつてのエリート管理職は不必要となり、情報機器のオペレーターと化し、誇るべき能力とは、無関係の存在となったのです。

このような情報通信システムの進化と、逆行するホワイトカラーの位置付けの低下実態は、従来の企業経営と異なる経営システムの変革がもたらしたものであり、過去を回顧して悩むよりその実態を理解し、それに対応する職業観へと改革することが求められているものと考えるべきです。

突き詰めれば経営環境の変革が短期間で激変し、クラウド・コンピューティング（ネットワーク経由ソフトウエァ利用業務処理）によりビッグデータ（大量の数値）が瞬時に処理され、多階層的経営組織を経由して評価し実行方法を判断する従来の経営システムでは対応できなくなり、企業の決断が限られた最高決定者により即断即決されることとなったのです。

極論すれば多くの職階を経て行われる稟議を待つことのできない迅速対応（Q12）の時代となり、過去の栄光であったホワイトカラーの行動を待てない経営システムが組み立てられ、多くの管理職の立場は情報の処理作業となり、最終の決定者のみに決定権を集中させる経営システムとなってきたことを認めなければなりません。

就社希望の学生や、若手社員の持つ総合職志向が、既に過去の職務となり、多数の中間管理職候補者は情報処理者となり、情報活用者として活躍する場を失っているのです。

しかも総合職として花形エリートと評価されていた人財から、企業名という看板が外れた時、再就職を望んでもほとんど可能性がないと考えなければならない時代となっています。

高度成長期に、過剰採用された総合職が、ハローワークの再就職の窓口に群れをなし、「以前お勤めの会社の専門分野は」と問われ、その答えに窮するようでは、再就職の可能性は、絶望的な時代となったのです。

大手企業入りし、社風に合わせて厳しい社規のもとで、単純補助作業に長期間耐え、我慢しながら管理職昇任を待つ「就社」が従来の従業員の標準的進路でしたが、これに中小企業入りするケースを想定して対比して見ますと、従来の選択に、修正を加えるべきでないかと、考えさせられる面が多々あります。

それでも大手企業入りをめざすか、中小企業入りし入社直後から現場の最前線に配置され取引先の要求に諾否を即答し、マニュアル（手順書）にない職務をこなす「本物の就職」を選択するかは、求職者側が決めるのが原則ですが、一生のターニングポイント〈転換点〉として熟慮を求めたいところです。

今日の激変する経営環境のもとでは、かつての「一生一就社」を貫く可能性が極めて低い時代を迎えているのであり、エンプロイビリティ（再就職能力）を蓄積し、「一生複数就業」を図るよう努めるのも一つの選択です。

大手企業は厚遇で安定しているという、既成概念に代えて、中小企業の可能性を先取りして就職し、積極的に創造性を発揮して、小規模であっても「なくてはならない人財」と関係者の評価を受け実績を上げて、自己実現を図る途もあることを検討すべきです。

高給職種志向職業観の修正を求める

インターネットには人財スカウト（発掘・斡旋業者）のバナー（旗広告）が乱立し、明日にも年収数千万の幸運が待っているという宣伝文が目に入ります。

大企業志向、高級職種志向とは、同時に高給職種をめざすことを指すことになりますが、日本においては価格決定権を持つ国の基幹産業である重工業分野の大手企業に就社し、高い専門性を持ったエリート（選ばれた幹部）と認められ「経営職」「技術職」を担当して、好成績を上げることのできた少数の人財にのみ与えられたものということできます。

もう一つのケースはインフレ経済の下で高度成長期の需要に支えられ、超過収益を手にした新興中堅・中小企業の経営陣や中堅幹部が、高い収益を計上すると同時に役員報酬や業績賞与を計上して、高額所得者番付に載せられたこともありますが、これも少数にとどまるものでした。

結局、大手企業であれ、中小企業であれ、経営者・総合職・技術職に就ける可能性が無ければ、高給志向は不発となり、幻の夢に過ぎなくなります。

特に中小企業は従業員全てが、それぞれの職務を手分けして個人の判断で処理しお互いが助け合い、直接業務を重複して担当していて、全従業員が総合職であって、職制は不要であるとしているところが少なくありません。

したがって自己の能力を判断し「恒常業務」を着実に処理し、「この仕事はあの人が一番」と頼りにされる人財となり、それ相応の報酬を得る途も、選択肢となっています。

この結果、高度成長期を経て日本経済が成熟するとともに、従業員の人件費のあり方に関する見解が変化し、新たな考え方が生まれ、新日本型経営の中に取り込まれるようになりつつあります。

第一に、経営環境のグローバル化と技術の進化により、安定経営の持続が困難になり、経営革新を続行し新需要者を見出して高給待遇を継続することのできる企業数が減少しつつあることに気付き、考え方の修正を始めたことです。

第二に企業が存立するためには関係する多数のステークホルダー(利害関係者)との「絆」を深め、その協力を得られることにより、高給待遇が可能性であることを意識するようになったことです。

特に中小企業では最高の給与は、社長というのは当然のことでしたが、バブルが弾け、担保物件であった土地や資産が値下がりし、資金繰りが困難になると、まず社長が給与を引き下げ、それにつれ幹部社員の給与も右に倣えと引下げられ、「そのうちまた良くなるよ」と仕事に精を出すのが当然となりました。

従業員の高給志向に関してアメリカの労働組合とウオール街の金融マンの高額所得の問題を取り上げ、参考に供することとします。

まず賃金のあり方に関して重要な決定権を持つ、労働組合との関係を日米比較し、新たな動きを示していることを理解するよう求めることとします。

かつて日本型経営を構成する一要素である「企業内組合」の穏健さとアメリカの「産業別・職業別労働組合」の尖鋭性とが比較されましたが、最近のアメリカをみますと個別労組と企業との団体交渉が多くなり、差異が埋まりつつあると指摘されています。

その最大の理由は、経営のグローバル化が国際競争力の強化を促し、企業の経営破綻により発生する失業者を、労組の過去の積立金で補償する仕組みが、維持できないと懸念する危機感が頑固だった労組にも起きていることです。

かつてアメリカのナショナルフラッグ・キャリアー〈一国を代表する国旗を付けた国際航空会社〉であった「パンナム」が、乗務員の高給により姿を消し、世界の自動車メーカーであったゼネラルモーターズは、一人の社員がリタイア（引退）した先輩の医療費二人分を負担して、一時国有化されたように、国際競争の激化による、大企業の低迷が、激しい労使の力の対立を、穏健化させることに寄与しているものとみることができます。

日本でもベースアップの中止、定昇の抑制等の動きが、従業員の同意を得ているのは、企業が持続しなければ、失業者となることを恐れているからであり、その傾向はアメリカでも同様と理解できます。

日本では「無い袖は振れない」の格言が活きており、安倍内閣は第三の矢を期待しても、賃金増加が伴わなければ需要の成長可能性がないことに気付いて、経団連に向けて、連合より積極的に賃上げを要請し「官製春闘」という新語を登場させました。

賃金構造基本統計調査により、5人以上の企業の「現金給与指数」（基準年度平成17年）についてみますと、最も高いのは平成9年（1997年）の108・5であり、平成20年度（2008年）は98・3と、大幅に下がっています。

これは平成9年度で賃金が最も多く、その後目減りして10年間で10％も減っていることを示しているのであり、これから我が国の名目賃金総額を単純に計算すれば、バブルの弾ける前の最も高かった1997年には280兆円であったものが、年々減少し、2008年には250兆円に目減りし、10年間で30兆円も減っている驚くべき実態であることを示しているという見方もできます。

また戦後の混乱期に、国民生活に欠かせない家計の食品支出の構成比とされた「エンゲル係数」も、ひと時見向きもされなかったのに、最近は23％まで上昇して、家計の厳しさを示していると指摘され、統計数値として復活しました。

それでも、大きなブーイング（抗議音）も出さず、給与の目減りを、過去の蓄積を取り崩して補い、メードインチャイナーの100円ショップでしのいでいるのが国民生活の実態と推定されるのであり、我が国民の我慢強さと臨機応変の柔軟な生活姿勢が示されているものと誇ることができます。

大多数の善良な国民は、高い所得を望むより、自分の力を客観的に判断し、「飢えていないから恵まれている」と身の丈意識で、自分を納得させ、慎ましく我慢しているのであり、その姿勢に喝采を贈り、感謝しなければなりません。

そのコンセンサス（合意）を作るのに寄与している存在として、企業の人財担当者の、従業員への隠れた助言が、効いているものと推定しています。

これと好対照なのは、日本とは桁違いの高給取りを糾弾するアメリカのデモ行進であり「1％」に対する「99％」の反撃デモといわれている行動です。

アメリカの金融危機を引き起こした元凶とされる、ウオール街の金融機関の高給幹部に対する批判が、カナダのバンクーバから始まり、貧困な「99パーセント市民の声」として「ウオール街を占拠せよ」（オキュパイ・ウオールストリート）のデモに発展しました。

またアメリカの国家予算を投入して救済した金融機関や自動車メーカーの幹部が、従業員の１０００倍以上の報酬を手にしながら、会社の自家用ジェット機にタダ乗りしていると批判され、糾弾の対象となりました。

このような動きを見ていると、我が国の公務員の給与が高すぎるとして引き下げられ、独立行政法人にも及ぶ状況になったことを含め、高給志向への批判は今後さらに強くなるものと考えられます。

その結果、日本の高給志向は収拾し、ジニ係数（貧富格差指数）はゼロをめざし、世界で最も平等な国というところに落ち着くものと診ることもできるのであり、その発想が定着しているのも、人事担当者の穏健な説明を従業員が理解し、「ここは我慢」と納得しているからだと考えられます。

ただこの状態が続けば、使われない貯蓄で、供給過剰の状態が続き、異次元の金融緩和で2％の物価上昇を期待し、国民消費をインフレでかさ上げして成長をアピールしようとする日銀の期待が不発となる懸念も浮上します。

国民にすこし頑（かたくな）な将来不安を横において、ささやかな贅沢で財布の紐をすこし緩め、我慢している自分に自分で褒美を贈り、やる気を高める先行投資を敢行する機転が働くよう勧めたいものです。

労働時間に求人者と求職者が協創する

ＩＬＯ（国際労働機関）が１９９９年の総会で提起した「デーセントワーク」とは「人

間らしい生活を営める、人間らしい労働条件」であると解説され、条約として締結され、国際的監視機関により、勧告を行うことを認める内容も盛り込まれています。

しかしながら、欧米流の「労働を苦痛とする立場」から、経済的弱者である労働者を保護するための「法による規制が必要である」とする発想は、日本においては、既に修正済みということができます。

なぜならば、日本で楽しい生活を得るためには、働くことが当然という、国民的合意が成立しており、求人者も求職者もともに労働時間に関し、対立関係でなく、協創して短縮すべきであるという発想が浸透し、世界の労使問題を超えた、世界最先端の合理的労働環境を具えているものと考えられるからです。

もちろん、「雇う側の論理であった、「働かせてやる発想」による低賃金、長時間労働、サービス残業、過労死に至る劣悪な労働条件を強要しているブラック企業や、グレー企業は存在しない訳ではありません。

しかしながら監督当局の強制捜査や、摘発に待つまでもなく、内部告発により実態が露見し、コンプライアンス（遵法）を旨とする、日本の一般的な企業では、人事担当者の公正な取扱いにより、既にデーセントワーク（適正労働）が実現しているものとみることができます。

人権・人命尊重という立場から、アフリカの少年労働の低賃金酷使が、国際社会の問題となったことがありましたが、発展途上国、新興国が成長のために経験すべき宿命ともいうべき課題であり、日本は既に、次なる高度の「楽しい働き方」をめざして世界最先端のレベルに入っている状況にあるといえます。

その一端が「次世代育成支援対策推進法」により、少子化の中で、労働力を確保するために、企業が取り組むべき方向を「一般事業主行動計画」に定め、従業員１００人以下の中小企業にも、対応するよう求めていることです。

本来は企業が人財を確保するために、国民生活の中に次世代を担う人財を維持する努力を求めているのですが、それが政府により主導され、国民に理解されていることは、日本が少子高齢化対策において、世界の最先端を見据えている先見の明と誇るべきところです。

最も望ましい労働の在り方は、好きな職業を選択し、働くことが苦痛でなく歓びとなり、法規制による「縛り」より、個性を活かし、自己実現を図れる労働環境を確立することが望まれているのであり、日本はその域に到達しつつあると認めることができます。

したがって日本の企業は、国際労働行政当局に対し、デーセントワーク（適正労働）のレベルを超えた、新たな就労関係の成立をめざしていることを説明し、働く人のやる気と意欲を伸ばし、その努力を奨励し、労働の流動性を高める「新たな日本型経営」をめざして、既に世界的合意を実現していると、胸を張ってもよいものといえます。

製造業の年間労働時間は、我が国で年間２０００時間であり、フランスより、年間５００時間も「働き過ぎ」と指摘され、その元凶は職場の「暗黙の締めつけ」によるもので、先進国として国辱ものというような過激な批判をする輩（やから）もいますが、企業にあって労働時間合理化に努めるよう支援している労働施策担当の関係機関職員と、企業の人財担当者の穏やかな対応をもっと評価するよう求めるべきと考えられます。

それは日本の企業の実態から「職場にいる時間を、労働時間とは見ない」ことを、企業と人事担当者とが黙認し、職場を「従業員の一種の社会交流の場」とすることを、容認する労働環境を成立させているから、可能となっているものということができます。

「サービス残業」なる用語も登場し、超過労働時間に見合う賃金が払われていないとする批判も多発していますが、単に職場にいることを、全て労働時間と理解することが、働く人の総意であるとみなす状況にはないものといえます。

例えば、同僚との個人的な約束時間に合わせ、職場で待つ場合や、帰宅しても家族が不在であるため、職場で時間を過ごして、痛勤（通勤）ラッシュを避け、あるいは友人との待ち合わせ時間に合わせるため、自分のデスクで待つというような事例は少なくなく、この時間を労働時間として捉えることは、明らかに誤解ということができます。

その上、労働条件の国際比較に当たり、製造業のみの労働時間数を論じるのは、短絡した見解であり、第三次産業分野のサービス就業者を含め、さらに就労条件・勤務形態、家族労働等も対象とする広い視座に立ち、比較すべき課題といえます。

例えば、装置産業の集中管理センターにおけるセンサー計器数値の監視業務は、ミスを防止するため交代制を取り、休息時間が設けられおり、全拘束時間ではなく、実働時間を基準とする裁量労働として、比較すべきであるという指摘もあります。

この問題は働き手に関する身体的・心理的影響の面からも検討すべき課題であり、昨今の職務システムの進化が、合理化により「省時間」を可能とし、その結果得た余剰時間を、いかにして楽しく使うかという「消時間」という観点からも、対応すべき経営課題となっており、ここにも人財担当者の配慮が活きています。

意図的とはいえない自然体で、本来働く人の勤務時間を省くと同時に、豊かな時間活用を図る「時間消費」への配慮を組み込み、余剰時間を持て余すことなく、楽しんで働き、再生産労働力を確保して、心身爽快な職場環境が、維持されるように配慮している人財担当者の働きが寄与していることを、認めなければなりません。

「働き過ぎ」と指摘する国際批判とハーモナイズ（調和整合）を図るためには、働くことの意義を再検証し、労働の再生産が可能となる労働条件を確保して、次の経営革新を生み出すエネルギーとなるレベルを選択していることを、世界に向けて説明し理解を得て、「働き過ぎ」は日本の実態ではないことをアピールしなければなりません。

「イケメン（カッコ良い男性）」が「イクメン（子育て好き男性）」と化し、堂々と育児休暇を取る時代となったのですから、働き過ぎという批判はどんどん減少するでしょう。

今後は、少子・高齢化に対応する出産休暇、子育て休暇、介護休暇、長期リーブ（休暇）等の制度が拡充され、日本の労働時間短縮は着実に進み、個人生活の時間活用への新たな取り組みにより、先進国との格差を縮小するものと見込まれます。

サービス産業分野はその対応技術の開発と、よりきめ細かいサービスを提供する人間性ある働き手の労働意識の高揚により、従来の機器による労働の代替を超え新たなビジネスモデル（仕事の進め方）の出現を促すものと想定されます。

単に働く場にいることが労働時間とみなされる従来の考え方が是正され、遠隔モニターの採用、電子機器のオンライン活用等による、サテライトファクトリー（遠隔操作工場）等の新たな就労形態が登場し、従来の労働時間の考え方を抜本的に組み替える経営革新が起こるという予見も実現しています。

労働を時間数のみでなく労働の質的レベルについても評価し、その投入効果を客観性、公平性を以って測定する、新たな評価方法の標準化に関する検討が進むものと想定されるのであり、その推進役として人財担当者の提言が、増加することを期待したいものです。

裁量労働制を活かす

労働時間に関し、最近日本で取り上げられているのが裁量労働制であり、これもまた求人側の企業と、企業の構成員である従業員との対立ではなく、産業構造の変革に対応する方法として、ともに必要性を認めるべき制度であり、人財担当者の関与が期待されるところです。

そもそも裁量労働制は、予め決められた労働時間を働いたものとして賃金を支払う「見做し労働時間」制度であり、労働時間と関係無く職務の成果で報酬を支払う「脱労働時間賃金制度」いわゆる「ホワイトカラー・エクゼンプション」（事務職労働適用免除制度）とは異なる制度であることを理解するよう求めなければなりません。

裁量労働制を誤解して、「残業代ゼロ」の人件費抑制策であり、労働法制により守られている労働者の権利を侵害する悪法であると決めつけ、反対する動きも出てきていますし今までも色々な反対論が唱えられてきました。

日本の高度成長期に、膨張を続ける管理部門の人件費負担を抑止する手法として編み出された「間接費合理化策」通称ミック（ＭＩＣ、マネジメント・インダイレクト・コスト）と重ねて比較し、労働時間を無視した労働コスト抑制策の一端と反対する見解も出てきています。

また、在日アメリカ企業の効率性向上の要請に応えて「日本人管理職を酷使する悪法」という根拠のない「何でも反対派」からの批判が起きたこともありました。

このため裁量労働制に関しては労働条件となる賃金の算出基準において、所定時間超過勤務、休日勤務、深夜勤務に対する賃金の支払について、どのように取り扱うかについて必ずしも一致した制度でなく、それこそ「裁量の差」が存在したのであり、確定するのは労働基準法の不備を法廷において判断する判例ということになります。

この場合、対象となる職種、業務の専門性、職制上の地位、年収等の適用資格についても定説があるわけではなく、労使の合意も組織別か、全社統一か決まっていない等、明確にされないまま勝手に解釈されることもありましたが、時代とともに変わり、最終的に労働基準法に明記され、それでも決着しない場合は、法廷の判例により最終結論が決まるものといえます。

敢えて類推すれば、専門職種としてプランナー、研究職、デザイナー、経営法務を取り扱う弁護士の他、金融商品・保険商品専門家等が対象となり、裁量労働の対象者数は10万人強、就業者に占める比率は0・3％と見込まれています。

なお、「残業代ゼロ」の労働条件悪化であるとして、騒がれているホワイトカラー・エクゼンプション（事務職労働適用免除制度）については、日本では対象者の年収を平均労働者の3倍程度となるものと見ており、その対象者数は1万人以下と見込まれますので、その構成比は裁量労働制度対象者の10分の1以下であり、0・02％程度と低く、空騒ぎという感がするものです。

そのため、とかく誤解を受ける「ホワイトカラー・エクゼンプション」を「高度プロフェショナル労働制」と改称してはというような意見も出てきました。

このような課題が出てきたのは、経営環境の構造的変革により、時間短縮（ＱＲ）が求められ、経済圏のグローバル化により対象地域が拡大して、24時間対応を避けられなくなって「眠れない職務」が世界中で起こった結果として、必要となったことであるという事情を理解する必要があります。

アメリカやドイツでは、ホワイトカラー・エクゼンプションを適用する条件を詳細に定め、労働者の権利を侵害しないように配慮し、ホワイトカラーに、労働時間規制という縛りを課さないで、自発的に柔軟に対応するよう求め、職務能力の向上を図ることをめざした制度としています。

そのために適用するホワイトカラーについては、「職務要件」（高度専門管理職力）と「報酬レベル」（年収下限）等を、詳細に定義しています。

摘要業務については、就労時間で評価できない業務を前提としますが、時間制約を解き自由にしたことが、必ず高い成果をもたらすという発想はやや短絡であり、職務担当者の個性とマーケットとのマッチングにより偶発的に高い成果が生まれる可能性があると診るのが、オーソドックス（正統）な評価と云うことになるものと考えられます。

しかも一回高い成果を上げたとしても、継続して高い成果を上げることができるという、可能性が保証されるものではないのであり、労働時間の制約解除が、ホワイトカラーの成果を高めるという発想は、全ての場合に当を得ているとは言い難い面も潜在していて、ここに人財担当者の判断が求められます。

時間の拘束を受ける労働条件を、快（こころよし）としないのは、好きな労働に従事できず、やむを得ず嫌いな仕事についていることによりもたらされたものであり、労働時間よりも仕事への適応性を確認することの方が、重要と考えられる面もあり、これも人財担当者の職務に加えられるべき項目です。

「成果給」は「時間給」による、同一労働・同一賃金の「平等による不平等」を修正する賃金決定方法として、提起されましたが、ホワイトカラー・エグゼンプションもその一環であり、その目的は適用対象者がそれをインセンティブ（誘因）としてモラール（やる気）を高め、企業もその従業員も共に高い経営成果に満足し、益々職務成果を挙げられることを期待した手法です。

ところが平和経済の実現により大量消費の戦争がなくなり、生産性の向上がモノの供給を拡充させたことにより供給過剰となり、企業もその従業員も「安定成長という低成長時代」を迎え、成果を挙げられない経済情勢となったことで戸惑い、その修正を避けられないと感じ始めているのです。

したがってホワイトカラー・エグゼンプションは、成長産業において、成り立つ論理であり、現在においては好況産業と目される、ＩＣＴ分野と金融分野に採用され、限定された適用範囲に止まるものと理解しなければなりません。

日本では、企画、研究、立案等の仕事を担当する、ホワイトカラーの大部分に対して、残業手当の代わりに「役職手当」を支給し、この結果、本来支払われるべき残業手当が支給されなくなり、「サービス残業」が増加するので、裁量制やホワイトカラー・エグゼンプションは好ましくないとの意見もあります。

これらの職務はホワイトカラーとしての自信と誇りにより、勤務時間のみでなくプライベートタイムにおいても、常に思考することが求められる職務であり、使命感に燃え労働時間の制約を意識しないことを当然のこととする職務と考えられるのであり、人財担当者もその対象者と理解されます。

またこれらの高度な管理を担当するホワイトカラーに過剰な責任を課し、その結果「過労死」に至ったとして、労災保険の適否を巡り、法廷の判断を求める事例が、後を絶たない状況にあることにも配慮が必要です。

過労により死に至るというのは、個人の職務遂行力と健康状態とにより起きる個人的事情という面もあり、一概に勤務の過剰な負荷のみが原因と考えるのは、短絡した発想という見方もあります。

個人の能力と遂行すべき職務の成果とのギャップがもたらす、ミスマッチ（不適合）が引き起こす、不幸な出来事と考えられる面もあるのです。

したがって、そうした職務を与えた企業と、それを受けて期待する成果を上げられなかった人財との関係をケース・バイ・ケースで取り上げ、公平に評価すべきですが、残念ながら現在においては損害賠償の対象となり、司法にその判断を委ね、判例が結論を出す状況にあります。

過労死に関しては複雑な要因が絡むので、客観的判断を行政に行わせるより、司法に任して訴訟により解決を図るのが、適切な方法と考えられているのです。

今後は法廷より民間の合意により解決すべき問題と云う観点から、そのような不幸な事態を引き起こさないように行動する、人財担当者の職務遂行に期待しなければならないという考え方が、最も相応しい見解といえるでしょう。

特定の個人を対象とするホワイトカラー・エグゼンプション（労働時間規制免除）より

第２編第１章　「職業意識の改革を求める」要点イラスト

求人者の人財観

定時新採用制度の是正
- 内定・青田刈自粛
- 過剰雇用・採溜め是正
- 記憶力採用試験改革

勧奨・早期退職制の是正
- 対象者絞り込み努力
- 再雇用創出支援
- 生活設計支援

ＩＬＯ（国際労働機関）のディーセントワークーの意義理解；「人間らしい生活を営むための、人間らしい労働条件」の維持

地域創生人財に求める調整と支援

求職者の職業観

大企業志向の是正
- 経営環境の予見力確度向上
- 一生一就社より複数職対応選択
- 中小企業選択の進路改革

高級職志向の是正
- 管理職務減少の実態理解
- ＩＣＴ技術活用力の向上
- 適応専門分野選択と絞り込み

高給職志向の是正
- アメリカ労組の弱体化状況理解
- 国際競争力強化への優先対応策
- 日本 10 年で 30 兆円の賃金減少

日本の対応；少子・高齢化の中での労働力確保を目指す「次世代育成支援対策推進法」を制定

賃金と労働時間との合理的対応

グレー企業、ダーク企業を認めない労働条件と賃金の関係規制

裁量労働制の活用

1. 必要となるバックグランド
①少子・高齢化社会における働きやすさの機会確保
②経済のグローバル化による全時間帯対応労働条件整備
③出産休暇、子育て休暇、介護休暇への柔軟な対応
2. 対象職種；見做し労働時間設定可能な職種
例.　プランナー、研究職、デザイナー、経営法務を取り扱う弁護士、金融商品･保険商品専門家等
3. 深夜・休日手当の割増支給
4. 再生産労働力確保への配慮（働き過ぎへの過剰時間規制）
5. 適用者数は従業員素の 0.3%程度と推定
6. 今後の課題
①中小企業における労働時間の例外への対応
例. 個人的時間消費の容認、職場交流時間の除外
②作業合理化による「省時間」の「消時間」活用指導

ホワイトカラー・エクゼンプション（労働時間規制免除制）の動向

1. 名称変更案の発議；；「残業代ゼロ」に代え「高度プロフェョナル労働制」案
2 アメリカ；「職務条件」と「報酬レベル」の２条件を詳細に規定
3. ホワイトカラーに対する残業手当に代える「役職手当」支給への批判と是正

も、複数のホワイトカラーがチームを組み、設定されたタイムリミットを意識しながら、協創して共同責任を持つ制度とし、一部エリート人財のみに過負担を強いることは、避けるべきであるという意見もあります。

同一の労働時間の中で甲論乙駁を遠慮なく繰り返し、発想のシナジー（増幅相乗）効果で、個人では思いつかない新たな発想を生み出し、その成果に対して連帯して責任を果たす、という仕組みに切り替える発想といえます。

このようにして求人者である企業と、それに応じる求職者とが協創して企業の安定経営をめざして、努力する知恵を出せるように仕掛ける人財担当者の活躍に、期待しなければならない経営課題ということができます。

第2章　就業教育を設計する

国家は、企業を中心とする産業とその構成員である就業者の職務遂行によって創り出された付加価値の中から所得税、消費税、資産税等の租税の納付を受けることにより成り立っています。

したがって国家は、国民に初等・中等・高等に分けて、就業者となり付加価値を創り出すために必要な知識を習得する「就業教育」を行うことを国家の存立・持続に不可欠な基本条件として定めています。

あえて「就業教育」としたのは、日本政府として、文科省には「産業教育」「技術教育」、厚労省には「職業教育」、経済産業省には「キャリア教育」等の用語が、それぞれ人財育成政策として用いられていますので、それらをまとめて表現する用語としたものです。

現代の就業者は、産業活動の現場において、人だけで仕事をするのではなく、必ず建物及び建物付帯設備、機械装置・器具・治工具・運搬具、センサー（感知機器）・情報機器、ロボット、ＡＩ（人工知能）等の何らかの設備・機器を使用して、付加価値を生み出しています。

そのために就業者は、これらの設備機器装置の構造・機能・使用方法等を理論的に理解するとともに、実際に操作し、さらにトラブルが発生した場合には、そのメンテナンスが可能となるような技術を習得しておかなければなりません。

なお従来は、技術と技能を区別し、技術とはその構造・性能等のシステムに関する専門的知識を指し、技能とは就業者が体・手先等を器用に使う作業を指すものとして区別されてきましたが、今日ではそれを区別する基準も明確ではなくなり、人と設備が融合化し一体化して職務を進めていますので、以下ではまとめて技術と呼ぶこととします。

したがって技術は、原材料・エネルギー・機器の構造・操作・メンテナンス・流通・サービス提供に関係する全ての人財に求められるものであり、全てのしごと関与者は、理系から文系まで含め、しごとに必要な機器やシステムに関する知識を学習し、それを操作しメンテナンス（保守・修理）しなければなりません。

例えば、事務部門であればＩＣＴ（情報通信）端末機器（デバイス、プリンター等）を使い、生産工場であれば、センサーを備えた自動機器やロボットを活用して、職務を遂行する時代となり、就業者全員が、何らかの機器を、操作しなければならなくなっています。

この結果、無業者を就業者とするためには、関係する仕事に必要な機器を駆使できる専門技術を学習するための、就業教育を受けさせることが必要条件となり、それは専門教育機関の理論学習と主に企業を中心とする経営組織における実務学習を通じて実行されることとなります。

就業教育によって産業用機器・情報機器等の構造を学習し、生産現場や流通・サービス提供に当たり、それを操作し、修理・保全して、生産性の向上に寄与することが、国民必須の義務と考えなければならない時代となっているのです。

その背景には従来日本企業が用いてきた「自企業養成型」の就業教育では、養成コスト負担と養成期間の時間ロスにより迅速対応（ＱＲ）できず、国際競争力の劣化を招くと懸念されたことがあります。

このような危機感を払拭するためには、日本の政界・官界・学会・産業界・労働界等が一体となって、世界の先進国が選択している「職務型」人財の就業教育制度を導入し、少なくとも10年程度の長期計画を立てて取り組む政策課題としなければなりません。

この課題に円滑な対応を図るために日本、アメリカ、ドイツの就業教育の実態を分析し、「雇用者としての就業と、自営を目指して有業者となる就業」とを、合わせて実現出来る「就業教育制度」を整備し、少子高齢化社会における労働力の有効活用を図る政策の在り方について提言することとします。

就業教育の原点を知る

日本が今日において民主主義、資本主義のもとで、世界先進国の一員となるまでの経過を、第二次世界大戦以降について回顧しますと、親方や番頭に徒弟や丁稚として仕え職人技を、「盗み取る」ことを当然とした日本の就業教育を抜本的に変える役割を担った日本駐留の連合国軍の就業教育の果たした恩恵を、高く評価しなければなりません。

それは企業の就業教育を「与える教育」に改革するよう求め、さらに「経験と勘」による成り行き管理を「合理的管理体制」に改革するために、アメリカ開発のＴＷＩ（企業内教育）の導入を指導したことです。

この背景には焦土と化し、弱体化した日本経済の実態を目の当たりにした連合国が、軍事国家日本を平和国家に改め、二度と戦争を起こさせないために、その経済的自立を図る改革を進めなければならいとする戦勝国の責任を痛感した事情があったものと想定できます。

そのため仕事の教え方、改善方法、人間関係、安全作業等の工場における仕事全般を対象として、まず連合国軍総司令部（ＧＨＱ）軍政部の専門トレーナー（講師）を派遣し、企業内の現場管理職（主として技術管理者、職長、組長、班長等の現場役職者）を教育し、その受講修了者に「トレーナー」の資格を与えることから始めました。

そのトレーナーが企業の各職場の長を集めて教育し、その受講者にトレーナーの資格を与えて、アメーバー式に指導員を増員する仕組みを設けて急速に普及を図り、生産管理技術の理解者を、短時間で多数育成する方法を定着させ、日本の「インダストリアル・エンジニアリング」（ＩＥ、経営工学）の基礎ができることとなったのです。

工場の現場で進められるこの教育訓練により、勤勉で協力する就業者の作業合理化が促進され、さらに職場に置かれた「提案箱」と「小集団活動」により、作業改善が自主的に推進され、生産性の向上により、国民生活の必需品の供給体制が確立され、国民の生活安定に寄与し、それが後の高度成長経済を実現する原動力となったのです。

提案箱は職場毎に設置し、何でも気が付いたことを、書き込んで入れるように求め、それを一定期間ごとに開き、良い提案には、日用品を賞品として渡すような、簡単な方法から始めましたが、それが浸透して真面目な従業員から、いろんな提案が集まり、改善のヒントの泉となり、採用されたアイディアが増えて、従業員のやる気を高めました。

小集団活動とは、作業工程別に組織されたグループ内で、従来の作業のやり方に、疑問や不満を感じれば、全員で検討して、作業改善提案としてまとめ、報告する簡単な方法でしたが、グループ間の提案競争に火が付いて、瞬く間に改善提案ブームを巻き起こしました。

これらの動きは後に、工場長表彰、社長表彰へと輪を広げ、従業員の改善意欲を刺激し、「QC（品質管理）サークル大会」を開催して全社を品質管理活動展開に取り組ませ、瞬く間に日本全国の工場の教育訓練制度の定着をもたらし、生産性の向上を実現しました。

これは後に、労働省により「産業教育訓練テキスト」にまとめられ、日本の企業内教育訓練システムの原型として、今日においても脈々と受け継がれ、機能しているのであり、高度成長期において、世界用語となった「カイゼン」の成果実現に、極めて有効に寄与したのです。

ＴＷＩ（職場訓練）と並行して職場の管理者（職長、組長、班長等）向けに開発されたＭＴＰ（管理者研修）の導入効果についても、高く評価しなければなりません。

インストラクター（講師）の出席のもとで会議方式を採り、現場で起きた様々な問題を、経験した管理者に体験発表させ、他の参加者との意見交換により、問題点に関連する条件を分析して、改善策を協創する意見交換を徹底して行い、シナジー（相乗）効果を高めました。

最後にその具体的解決に向け、インストラクターが、管理者の実行意欲を高められるようにとりまとめ、従来どう行動すべきかに悩んでいた現場管理者に、自信を以って対応できる能力を、自然に備えることができるように支援しました。

これが後に、日本産業訓練協会により６課題にまとめられ、17回の「管理者研修プログラム」となり、海外でも活用されました。

このような改善成果を反映した、製造現場の技術レベル向上は、国際的な「技能オリンピック」において、日本がメダル獲得数ナンバーワンを占めるまでに成果を発揮し、世界の注目を集めその後の世界各国の技術レベル向上の触発役を果たしたのです。

デミング賞がSQCをTQMに高める

もう一つ日本の大手企業を中心に展開されたアメリカ直輸入の「デミング賞」が就業教育に果たした効果を評価しなければなりません。

アメリカのSQC（統計的品質管理）を導入して設けられた「デミング賞」は、日本の大手トップ企業の品質競争に火を付け、専門組織を設け、相当額の品質改善予算を計上して、社名を賭けた受賞競争を巻き起こし、日本製品の品質向上に多大に寄与しました。

この結果、日本は高品質・多機能製品供給国として、輸出に注力し、貿易立国として、世界に飛躍することができる基礎固めの幸運を手にすることができたのです。

しかも製品の品質に止まらず、これを販売部門、管理部門に拡大・拡充適用して、TQC（全社品質管理）による、全社的な業務処理のレベルアップを推進し、さらにこれを経営品質向上のTQM（全社品質経営）へと押し上げ、万全の全社品質管理体制を成立させました。

最初はSQC〈統計的品質管理〉による製品の品質改善から始まり、管理部門を含めた全社の品質改善に寄与するTQCへとレベルアップし、さらに全てのステークホルダー（利害関係者）に対し、品質保証を図るTQM（全社経営品質）へと向上させて、企業の安定成長に結びつけたのです。

日本がこのような成果を、短期間で上げることができた原点は、国連軍がもたらしたTWI（職場訓練）とMTP（管理者研修）にあることを改めて評価し、感謝しなければなりません。

日本の大戦前における作業教育は、主として徒弟奉公により、先輩ベテラン工員の技を現場で見て、教えられるのでなく「盗み取る」という方法で体得すべきものとされ、時には、いじめや嫌がらせを受けたのであり、強い学習意欲を持ち、巧妙に知恵を働かせなければ、「一人前の職人」になるのは、容易ではなかったといわれています。

これに対して、国連の勧めるＴＷＩ（職場訓練）は、テキストにより、忠実に全ての仕事の進め方を公開し、ＯＪＴ（実地教育訓練）も取り入れたハンズ・オン（手取り・足取りのは伴走型実技訓練）で、日本の工場現場が「求める教育」制度の場へと進化させ、日本経済の成長に大きな寄与を果たしました。

このような国連軍が日本にもたらした効果を、さらに高める役割を果たしたのが、戦時の軍需産業の「産業報国運動」を、平和日本の「能率運動」に代え、アメリカやヨーロッパの先進国の経営手法を、日本に紹介した大学教授や経営コンサルタント等の活躍でした。「盗み取る」方法で体得し、ＫＫＤ（経験・勘・度胸）を活かして、自分のものとしていた、生産工程の就業者に、企業が求める「就業教育」を経営学の理論を現場要員に分かりやすく丁寧に解説し、その現場作業への導入に当たり事例を交えて、実行可能な助言を行う手法を採用して対応しました。

その講師を務めた彼らは、「経営の神様」と畏敬の念を以って歓迎され、工場部門から流通サービス部門まで、経営の合理化活動を進め、さらに会計・財務経営体制の確立でも高い評価を受けました。

その時に用いた定番のツールが、アメリカ発の「テーラーの科学的経営管理法」であり、「動作分析」と「時間研究」により、理論的に納得できる経営改善の仕組みを、現場で詳細に教えたのです。

動作分析では、作業に必要な要素動作を観察し、使用する身体部位（目、指、腕、胴）、使用部材・使用機器の置き位置との距離、物性（大きさ・重量・形状等）、作業内容（注意・方向調整・方向変更・停止等）別に詳細に観察し、不必要な動作を除き、作業の標準化を図りました。

次に作業者毎に差異のある作業時間を、ストップウオッチで測定し、最も短い作業時間を基準として、標準時間を設定し、後に広く用いられたワーク・ファクター法（ＷＦ）は、1万分の1分（約０・００６秒）という短い単位時間を用いて、作業時間の短縮を図るよう指導しました。

現在は「求める教育」から、さらに「望む教育」へと進化し、社員が自ら望む教育を、受けることが可能となり、企業はエンプロイアビリティ（雇用される能力）をつける教育訓練を行って、国内大学への派遣学習、海外への留学も可能な制度を設け、多様な研修機会を、確保して、極めて恵まれた就業教育環境を制度化させています。

また、従来の教育訓練は、集合教育（Ｏｆｆ－ＪＴ）、実地訓練（ＯＪＴ）が主であったのに対し、最近は自己啓発（ＳＤ、セルフ・ディベロップ）が認められ、個人が好きな仕事を選択し、インターネットを用いて学習するｅラーニング（ネット経由学習）教育へと発展し、「ムーク」（ＭＯＯＣ、マッシブ・オープン・オンラインコース）といわれるような「無料大規模講座」も設けられています。

このように欧米の経営管理手法が、中央官庁、大手企業、シンクタンク（頭脳集団）等により続々と導入され、経営環境の変革に対応し意欲ある就業者の意識改革をもたらし、技術習得に注力して製品品質の向上を実現し世界から高く評価され、日本企業のグローバル展開をもたらす基盤を構築することに寄与しているのです。

政府の就業教育制度を理解する

日本の高度成長をもたらした動機として、国連及びアメリカ流の経営管理の導入の意義と能率運動の有識者の寄与を述べましたので、次はこの間に、日本政府の就業教育政策が、どのように推進されたかを、フォロー（追跡）し、その努力を検証することとします。

まず文部科学省が、初等教育から高等教育までの、制度に取り入れた「産業教育」と「技術教育」について、その経過を検証します。

次に厚生労働省が、国民の職業能力向上のために設けた、「職業教育」について、その意義を明らかとし、さらに経済産業省が取り上げている「キャリア教育」について、その進め方を検証します。

「産業教育」という用語は、中学校・高等学校・大学を管理監督する文部科学省の初等中等教育局児童生徒課の産業教育振興室が管掌し、その根拠法である「産業教育振興法」は「勤労に対する正しい信念」「産業技術習得」「工夫創造能力養成」により、「経済自立に貢献する有意な国民の育成を、目的とする産業教育の振興」と定めています。

「産業教育」という言葉は、一見、グローバルな経済活動を展開する、産業界の人財を育成する指針とも受け止められる響きもありますが、その目的は、義務教育から大学までの教育過程において、社会人への円滑な成長を促す指針を定めた用語であり、やや趣が異なっています。

その基盤は「教育訓練基本法」に定める教育の５つの目標の一つである「職業及び日常生活との関連を重視」し、「勤労を重んじる態度を養う」ことと定めていることの範囲内で、学校として行う教育をベースとして理解を求めている高次元での位置付けを明らかとした用語として「産業教育」を用いたものと解釈すべきであると考えられます。

また、１９８９年ユネスコ第25回総会において採択された「技術・職業教育に関する条約」に基づき、文部科学省は「普通教育における技術教育の教科課程を見直し、「学習指導要綱」を改訂しています。

その結果、「技術とモノ作り」及び「情報とコンピュータ」に再編し、日本の「技術教育」の方向性を明示する改革が進められています。

これは、今後、日本がグローバル市場で活躍できる人財に、不可欠な技術力、生産能力、サービス提供力、ＩＣＴ（情報通信技術）を初等教育段階から関心を以って当たるように促す、極めて意義ある指導要領といえます。

さらに文部科学省がモデル事業としている制度に、「日本版デュアル・システム」といわれる、全国の高校20数校で年間1週間程度のインターンシップ（実習制度）を行う制度がありますが、地元の中小企業の協力が必要であり、モデル的な試行に止まっています。

次に文部科学省に加え、厚生労働省、経済産業省等の関連省庁が「職業教育」の在り方を巡り、様々な政策を展開してきた経過を分析します。

その総集約版ともいうべき政策の成立をめざして、2013年総理大臣が開催する「教育再生実行会議」が内閣官房内に設けられ、三分科会を組織して、国の最重要政策の一つとして、「21世紀に相応しい教育体制の構築を図る」ことをめざすこととしています。

激動する世界情勢に対応するための人財育成をめざし、第一分科会は「求められる能力を高める教育改革のあり方」、第二分科会は、「生涯現役・全員参加型社会の実現及び地方創生のための教育のあり方」、第三分科会は、「教育立国実現のための教育財政及び教育行政のあり方」を検討課題とすることとなっています。

また2014年には文部科学省内の生涯学習政策局、高等教育局により「実践的な職業教育を行う、新たな高等教育機関の制度化に関する有識者会議」が設けられ、職業教育に関して検討を行っています。

若者が、職業に必要となる知識や技術の高度化・複雑化に対応し、充分な思考力・判断力・表現力を磨き、主体性を以って多様な人材と協働し、専門性の高い職業人材となり、喜びと糧を得られるような「職業教育」を目標とするよう提言しています。

これと合わせ厚生労働省は、少子高齢化の中で、グローバル展開を担う人財を育成するため、職業訓練により職業能力を高め、雇用促進を図る雇用保険、雇用機会確保・維持のための助成金・給付金等の種々の支援政策を展開しています。

その職業能力の向上を図るための基本法となっているのが１９５８年公布の「職業訓練法」を改正して１９８５年に制定された、「職業能力開発促進法」であり、職業訓練と職業能力検定を政策目的としています。

その後２００１年にその運営に当たっていた独立行政法人雇用能力機構が廃止され、独立行政法人高齢・障害・求職者雇用支援機構に移管され、「職業能力開発総合大学校」として、職業訓練指導員の養成・研修（再訓練）及び職業能力の開発向上の調査・研究を担当しています。

大学校は、専攻課程として機械・電気・電子情報・建築の４教科を設け、修了者には生産技術の学士号と技術士補の称号が与えられ、その修了者は設立後50年間で約3000名に達しています。

職業訓練と合わせ、職業能力検定の改革についてもその必要性が課題となり、厚生労働省職業能力開発局の管掌する「職業能力開発の今後の在り方に関する研究会」が設けられ、職業訓練と職業能力検定の改革を検討しています。

また経済産業省が、子供たちの生きる力を育成する観点から、学校の学びと社会との関連性を教え、学習意欲を向上させる「キャリア教育」を推進するため、「キャリア教育アワード」の表彰制度と「キャリア教育推進連携シンポジウム」を文部科学省、厚生労働省と共同で推進しています。

そこでは「キャリア教育」を教育審議会の答申文を引用して「一人一人の社会的・職業的自立に向け、必要な基盤となる能力や態度を育てることを通して、キャリア発達を促す」と定義しています。

この他に2003年、文部科学省、厚生労働省、経済産業省、内閣府がニート（非教育・非就業・非訓練者）・フリーター（非正規就業者）の増加を受け、その解消を図るための「若者自立・挑戦プラン」に基づいて「日本版デュアル・システム」を提言しています。

若者の「能力のミスマッチ」「方向性のミスマッチ」の解消に向け官民協同のワンストップサービスセンター（ジョブカフェ）設置、実務・教育連結型人財育成システム、インターンシップ（職場体験）等のスローガン（標語）を掲げ、多様な制度を設けています。その中で注目しなければならいのが「ジョブカード（職歴・学歴・キャリア記入票）」であり、キャリア・コンサルタントのアドバイスを受け、就業履歴を明確に記録し、それを活用して、就業機会を得られるよう努力することを求めています。

このように政府は、経営環境の変革に対応し、「産業教育」「技術教育」「職業教育」「キャリア教育」等について、国家課題として関係府省庁を網羅した総合政策と位置付け、絶えず改革を続けています。

この多様な政策は、職業能力開発法の目的とする「職業に必要な労働者の能力」を教育する政策であり、本書ではそれをまとめて「就業教育」と理解し、そのあるべき方向を検討することとしました。

技能検定を技術検定に代える

第43回の世界技能オリンピック（ワールドスキール・コンペティション）が、2015年はブラジルのサン・パウロで開催されました。

「日本は金メダルを5個取った」とハシャグ人もいれば、「今年も韓国が金メダル数で第1位12個、どうして日本が勝てないのか」とフサギ込む人もいますが、後者の見解は、かなりの年輩技術者の述懐で、かつて日本が世界一と評価されていたことを知っている人です。

金メダル受賞者を見ますと、情報ネットワーク施工、製造チームチャレンジ、自動車板金、電子機器組立、移動式ロボット等の職種であり、大手企業勤務者で、技能より技術的能力を要する職種に、日本が優れていることが明らかであり、悲観する必要はありません。

また女性がビューティセラピー、洋菓子製造、貴金属装身具等で銀・銅メダルを受賞し、キメ細かい気配りを心掛ける日本女性の力が、世界的評価を認められたものであり、喜ばしいことといえます。

技能オリンピックに関連して、日本では「職業能力開発促進法」に基づき「労働者の技能と地位の向上」を目的に、「技能検定制度」が設けられています。

毎年職種・作業の見直しが行われ、２０１５年現在１２８職種が等級区分（特級、１～３級、基礎１級及び基礎２級）と単一等級とに分けられて、実技試験及び学科試験が行われ、合格者は「技能士」を称することができ、合格者数は２０１４年度で27万人、累計で５７４万人に達し、合格率は40％程度と、かなり厳しい能力が要求されています。

職種は製造業、流通業、サービス業等に亘りますが、時代のニーズを反映して、「その他の職種」に指定される分類が多くなっています。

例えば、ウェブデザイン、キャリア・コンサルティング、ファイナンシャル・プランニング、知的財産管理、金融機関窓口、レストランサービス、工業包装、写真、フラワー装飾等に及び、技能というよりは技術知識レベルの専門性・高度性を評価する職種が多くなっています。

既に指摘しましたが、日本では従来から、技術と技能を区別し、技術とはその構造・性能等のシステムに関する技術知識を指し、技能とは手先を器用に使う、技能作業を指すものと、線引きされていましたが、その定義も曖昧であり、差別用語と云うような響きもありますので、それを避け、敢えて区別せず「技術者」と呼ぶこととします。

したがって技術者とは、機器の構造知識とそのオペレーション（操作）及びメンテナンス（修理）が可能な技術を持つ人財を指し、理系に止まらず、ウェブデザイン、キャリア・コンサルティング、ファイナンシャル・プランニング等の文系まで、多くの就業者が取得できる資格を指すものということになります。

技術・技能は、どちらかと云えば「モノ作り中心」のプロダクトアウト発想に基づく職種でしたが、これに対し、サービス職種では、モノ作りに加えて、マーケット・イン発想に基づく「コト創り」も必要と指摘されています。

技術・技能のシーズ起点の発想により、「売れない商品」が増加し、地球上の資源を浪費し、廃棄物で環境破壊を招いているという批判をベースとして、資源循環型対応が、求められることとなっています。

これらの指摘に応えるためには、器用さを評価する技能に止める発想を、供給システム全体を理解し、供給から消費、さらに廃棄物ゼロをめざす、全体最適を図る技術者の発想革新が必要であり、技能（スキル）だけではなく、「技術検定」とすべきということになります。

なぜならば技術に「オープン・イノベーション」（公開革新）と、商品の全ライフサイクルに、製造物責任を果たすことが求められる「サービサージング」を取り入れた、複合的対応が求められていて、技能を超える、レベルに到達しているものと認められるからです。

経済大国アメリカも悩んでいる

世界の不法移民を受け容れ、世界の基軸通貨ドルを擁し、事実上世界の警察国家となっている、世界最大の経済大国アメリカも、その責任を果たし、世界の人類が安心・安全・安定を持続できるために、どう行動すべきかに悩み続けています。

そのトップを務めた第42代大統領ビル・クリントンは、経済政策を重視し、「クリントノミクス」を唱え、インフレなき高成長、株価上昇、連邦財政赤字解消等の、成果を挙げて、優れた政治力で高い国民的人気を保ち、今も熱心に世界のために政治活動を続けています。

彼は、大統領就任第１期の１９９３年、「労働投資戦略」を打ち出し、人財育成により、エンプロイヤビリティ（雇用される能力）を高め、一生継続して複数の企業で働きうる、「人財資本」の形成を図るべきであるとする大統領方針を明言しています。

ところが彼の退任後、好調な経済政策の成果の中に埋没して、労働政策への注力を怠ったという、批判のための批判も起きました。

彼には、そのような批判に抵抗感があっただろうと推定されますが、敢えてそれを表に出さず、任期を終えてから気付き、反省しているとして、「ジョブ・ミスマッチ」（仕事と職務能力の差）の解消を、アメリカ経済の喫緊の課題としなければならないと説いています。

企業が「モノ作り離れ」を起こし、デリバティブ（金融派生商品）によるマネーゲームに没入して、１４００万人に及ぶ人財をムダにしているとも警鐘を発しましたが、その後順調に伸びている雇用量増加が、アメリカ経済の好調さに繋がっていることは、退任後に気付いた是正策が、好意を以て迎えられた結果であるともみることができます。

このような指摘に加え、さらに高校の職業訓練時間や職業別労組の技能修習プログラム時間が減少し、企業も教育投資をしてエンプロイアビリティ（雇用される能力）を高めても、転職者のための教育となることにためらいを見せ、スキル（技能）不足が慢性化していると、細かいところまで分析したうえ改善を急ぐよう求めています。

求人募集を行っても、使えるスキル（技能）を持つ応募者が少なく、モノ作りの現場では欠員の補充ができないという、深刻な事態に陥っている企業が多いとも嘆いています。

この解決策として、企業の現場向きの実用教育訓練システムを開発し、その運営費を国が負担し、その修了者から優先的に雇用して、即戦力とできるように制度を改めるべきであると提言しています。

日本の雇用保険給付条件としての職業訓練と類似していて、国が違っても共通の悩みと考えられますが、アメリカ経済には日本にない活力要因として、流入する移民による起業という明るい面があります。

アメリカの創業の4分の1は、移民の会社に占められているといわれ、日本の開業率と比較すれば大きな差異となっています。

大統領として解決できないまま任期を終えたことを反省し、同時にその解決に注力するよう提言しているのですが、実はその後のアメリカを診ると、彼が大統領として取り上げた「労働投資戦略」が、退任後に重要な意味を持っていることが明らかとなってきました。

必要人財を高給・好待遇でヘッド・ハンティング（人財引抜）し、使い捨てするアメリカ企業の人財獲得戦略が、問題を起こす原因であり、大統領の責任とすべき問題ではなかったとする見解がそれです。

政権は次の大統領オバマに移り、ＦＲＢ（連邦準備制度理事会）の議長はバーナンキから、ジャネット・イエレン女史に移ったのですが、その彼女が新たに持ち出した、アメリカ経済の判断資料が、金融指標のみではなく、「ダッシュボード」（自動車の計測機器盤）といわれる９つの雇用指標に注目していることを見過ごしてはなりません。

その中でも最も注目すべき労働指標として、広義の失業率といわれる「Ｕ６」（就職できず諦めている失業者、フルタイムで働きたいけれどもパートタイムで働いている人、縁辺労働者といわれる家事・育児等で働けない人の合計）を重視すべきであると指摘していることです。

その狙いは前議長バーナンキの発したＱＥ（量的金融緩和政策）の出口論の目安とされた失業率６．５％の延長線上にあり、金融指標でないというところに、クリントンの労働政策における偉業が評価されていることが含まれているものとみることできます。

世界のリーダーであるアメリカの政界・財界トップが、経済指標としてＧＤＰ（国内総生産）や物価だけに固執せず、雇用まで含めて新たな政策を組み立てていることは、経済運営の理論構築が多様性を帯びなければならないことを明示しているのであり、趨勢依存の安易な経済政策が通用しない世界経済となっていることを認めなければなりません。

失業により雇用が減少し、分配される賃金が減って、アメリカ経済の消費力が低下した結果、供給過剰が発生して経済の悪循環へと進むことを恐れたジャネット・イエレン女史は、金融指標ではなく、雇用指標でアメリカ経済の実態を把握しようとしているのです。

このため度々、明るい兆候が見え出したと、新規就業者の増加を表に出し、アメリカ経済の景気の説明指標としています。

デリバティブ（金融派生商品）膨張のもとで、横行するマネーゲームが、アメリカ経済の実態を表す指標ではないことを、間接的に明らかとし、失業率の実態を直視した経済政策の必要性を訴えているのです。

消費の原動力となる賃金の稼ぎ手である、サラリーマンの就業行動に注目することが、アメリカ経済を的確に捉えられる指標と判断したのは、労働賃金により経済成長が高められるとする、女史の持論である「有効賃金理論」に基づいている信念とみることができます。

そのような発想のバックグランドには、クリントン政権の大統領経済諮問委員会委員長を歴任し、前大統領クリントンの反省を尊重した上で、人財資本が、アメリカ経済の本当の実態を示す経済指標であることを、確信したからであると認めることができます。

このようにして今後のアメリカの金融政策は、前大統領の置き土産ともいうべき、労働資本重視の方向を進むことと予想されます。

その偉業の効果は、今後のアメリカ経済をリーダーとする、世界経済の方向性を示唆しているものと展望できるのであり、日本も手本とすべきところが多いと考えさせられるのであり、「官製春闘」なる新語の出どころもうなずけるところともいえます。

ドイツのデュアル・システムに学ぶ

ドイツの学制は、4年間の基礎学習校を終えた後、2年間の進路選択期間を設けて、その後の進路を職業訓練校とするか、大学進学コースとするかの、何れを選ぶかを慎重に選択できる制度としています。

職業訓練校に入ってデュアル・システム（理論と現場作業の二本立て就業教育システム）で学習するか、大学に進学し学士号を手にするかの、二つのコースの何れを選択するかで、その後の人生が決まるものと指摘されています。

この選択に当たる期間は、ヨーロッパでは各国で「ギャップ・イヤー（すき間年度）」として認められていて、半年から1年くらいの期間で海外留学、インターンシップ（実習経験）、社会活動参加等の自由な活動を経験することが可能となっています。

その結果、個人としての行動力の向上、多様な人との交友関係拡大、自主的進路選択眼の拡幅等の、様々な人間力涵養機会となるものと評価されています。

ドイツのデュアル・システムは、中世以来継続されてきた手工業の歴史の中で、幾度か存続の危機を経ながらも20世紀以降、職業学校による教育訓練と商工会議所による熟練工試験制度のもとで、専門の職業訓練を、企業と学校とで同時研修し、マイスターをめざすのが国民の認める社会システムとして定着し、今日に至っているのです。

職業訓練の対象となる職種は、技術・技能系のみならず、営業・事務系、情報技術系と幅広い選択が可能であり、男女別にみると営業・事務系には女性の受講が多いといわれています。

このような専門職業訓練制度が成立しているのは、入学する若者に対する将来の安定した生活環境を提供するための先行投資という考え方が浸透し、その結果得られる資格が、

「資格社会」であるドイツにおける誇りと自己実現をもたらし、楽しい人生を送れる選択肢として認められているからです。

またデュアル・システムの研修を受け入れる企業は、技術学習に必要な設備・機器を提供し、指導員となるマイスターを配置し、訓練受講者の日当まで負担していますが、それにより、卒業後優秀な専門熟練工を確保するメリットを、受けるための先行投資と見做しています。

このように「良いこと尽くめ（ずくめ）」の感のあるドイツのデュアル・システムですが、グローバルな経営環境の急激な変革が、新たな対応を迫られる可能性を示し、懸念されているところもあります。

第一はEU域内において、ドイツのみが好調な経済活動を続け、その一環に「強いドイツの独善」があるという、南欧諸国の感情的反発が、デュアル・システムにも向けられていることです。

OECD（経済協力開発機構）の調査によれば、若年者の失業率がドイツで6％であるに対し、EU（欧州連合）では10％以上であり、その理由として、デュアル・システムにより育成された熟練工を駆使して南欧向けに「失業の輸出」をしているという批判があり、ドイツの独善は目に余るという批判は、ＥＵ崩壊の起爆剤とも懸念されています。ドイツ国内の労働力を、ドイツ伝統のギルド（同業組合）で、縛り付けないで、自由にＥＵ各国に移動できるように、技術大国としての力をＥＵ各国に提供すべきであるという、要求も根強いといわれます。

第二に現在、３６０余ある職種の中から、若者自身が将来の職種を選ぶことが困難であり、研修学校の指導員マイスターや両親などが助言していますが、将来の予測であり、それぞれの個人的見解となり、必ずしも妥当な助言にならないという懸念が指摘されています。

第三に商品や技術の短サイクル化により、減衰する職種も少なくなく、新たな職種を迅速に導入するような方向選択は、旧来の伝統を重んじる熟練技術伝承へのこだわりから、新規職種のデュアル・システム組み込みへの障壁となる可能性が高いという見方も出ています。

第四に毎年新たな職種の取り込みが行われていますが、知財による権利の保護、企業機密の確保、指導員となるマイスターの不足等のために、新職種の採用が円滑に進まなくなるという見解もあり、今後の新職種の組み入れに関しては、問題点が多発すると懸念されています。

第五にドイツも少子高齢化により、若年労働人口が減少し、それに伴い、毎年の職種訓練対象者数の減少が、想定されており、現在の多数の対象業種の集中化と分散化が進み、現状のシステムが、持続困難となるものという懸念もあります。

第六に資格を重んじるドイツ社会において、高い評価を得てきた、マイスターの資格を取得するために長期間を要し、高齢化することを考えると、高学歴をめざして大学における学位取得を図る方向が選択される可能性が高いという指摘もあります。

第七に技術革新のスピードが速く、デュアル・システムとしての訓練方法の整備、必要設備機器等の取得困難等により、タイム・ラグ（時間差）が発生し、専門職の訓練期間が遅れて、実務研修の陳腐化が起きるのでないかという指摘も出ています。

第八に技術の進歩に合わせ、継続的な職種教育の受講が必要という認識が高まりつつあるものの、その場合の公的援助は予算面の制約を受けて少ないため個人負担が重くなり、結果として「継続教育」が困難な状況になるものという懸念も指摘されています。

いずれにしても、勤勉で研究熱心なドイツ国民の気風からして、これらの問題点にも明確な回答を用意し対応することでしょう。

既にドイツは「インダストリアル４．０」（第４次産業革命）を掲げ、「モノのインターネット」（ＩｏＴ）により、産業機器のセンサーからビッグデータを集め、複数企業の統合基幹システムを活用して連携し、需要にマッチするサプライ・チェーンを官民協力により構築して、国際競争に耐え得る最強システムをドイツ企業中心で組織しようとしているものとみられています。

この実現のために、ドイツ国民の習熟したデュアル・システムによる現場教育訓練の展開は、極めて有効に機能するものと考えられ、簡単に制度疲労という状況に陥ることはないという見方もあります。

就業教育設計の基本原則を提言する

日本政府の就業教育に関する取り組みを分析し、技能検定を技術検定に代えるよう提言し、次にアメリカの「人財資本」発想、ドイツのデュアル・システムによる「熟練工育成」発想を詳細に紹介しましたので、これを活用して日本の今後の就業教育のあり方を設計し提言することとします。

第一に就業教育費用及び時間について提言しなければなりません。

厚生労働省の「能力開発基本調査」によれば、企業が「実地職業訓練」（ＯＪＴ）に払った費用は、一人当たり２００８年25千円から２０１３年13千円と5年間で約半減し、正社員の延べ受講時間も54％から45％へと10％低下して、技術の進歩に合わせ現場研修機会を増やすべきであるにも関わらず、逆行して研修費を引き下げたことが明らかです。

この理由には、人財に投資し就業教育を強化しても、熟練度向上に伴い、社外に転出する選択肢が働いて、成果に結びつかないという事情が効いているものと想定され、ドイツもアメリカも、そのような傾向がみられるといわれています。

しかし実態はもっと深刻で、日本企業の海外移転により、マザー工場としての技術研修の現場を失い、国内では雇用形態の非正規化や、団塊の世代の定年退職で、教えることのできる人財が減少し、本物の技術を伝承すべき現場の減少と相まって、このままでは日本の技術レベルの劣化は避けられないと懸念する声もあります。

日本の工場における現場の改善行動は、今や国内から海外工場に移転し、新興国が進んでいると慨嘆する発想は国粋主義的感情論に過ぎず、むしろ日本の海外進出工場において改善意欲が向上していることは、日本の技術が世界の新興国に貢献している証左と、自負すべきあるべきとも指摘できます。

このような状況を改革するためには、企業自体が、人財育成への先行投資の必要性を認め、意識改革を図るとともに、就業者にも将来の熟練度向上のために、実地職業訓練（ＯＪＴ）機会を増やし、自己負担で積極的にオフザジョブトレーニング（職場外教育訓練）にも参加して、見聞を広げるべきだという意見も出ています。

個人の豊かな楽しい生活設計のための投資を、国の助成金や給付金に依存するのではなく、自身への先行投資と理解し、個人借入で調達し、金融機関もその就業先行投資に応じる金融商品を開発し、学習資金調達を支援することにより、有効な資金活用を図る機会が増えるものともいえます。

第二に職業能力評価は、先に行うべき就業教育の後の課題であり、まず就業可能な人財の育成に、政策目標を集中するよう提案しなければなりません。

職業訓練と職業評価は、車の両輪との考え方が、労働行政の基本姿勢となっているようですが、同時に就業者に行っている職業教育が、就業者の資質に寄与し、就業教育後の資質向上に役立っているかの、チェックを行えるような、制度設計とすることが必要と考えられます。

就業教育の設計と合わせて就業評価を行うことが当然とするような制度設計は、過剰な義務を課し就業教育の形骸化をもたらし、学習意欲を減衰させるのではと懸念されるという指摘もあります。

これに関しては、熟練工を求める産業界の意向を反映することが重要であり、就業者の資質が研修対象職種にマッチしているかを、できれば就業教育実施前に確認し、研修者にその理由を明確に説明して職種変更も助言し、受け入れ業界に紹介するきめ細かい制度として改革することも必要となります。

第三に制度設計に当たり、研修受け入れ企業の適格性に関する基準を、明確にすべきであると考えられます。

日本の大学が定員数を増し、文化系学科の増設に動いたのは、明らかに投下資本の早期回収を図ったからであり、学生一人当たり設備投資額が、相当高くなる理系学科が、敬遠されたのは当然のことでした。

その解決を図るためには、理系人財を必要とする企業が、産業団体等を通じて政府に働きかけ、国立大学、職業訓練校への設備投資や教育カリキュラムの整備に注力し、官民連携ファンドや特定目的会社（ＳＰＣ）により支援するような就業教育投資を促すことが必要です。

それを政府の負担が当然とするような考え方で回避し、技術人財だけを取得しようというような発想を改め、人財を必要としている企業自体が、受益者負担を当然とする制度設計とすることが望まれます。

それを怠ったのは企業が経営環境の激変を見抜くことができなかったためであり、自社育成型の従来の人事政策の継続で対応できるものと誤認したことにより起きたミスマッチ（不適合）だったといえます。

今後は熟練就業者を必要とする企業が、年次別・職種別の必要人員数を計画して予約し、その育成に必要な設備投資を自己負担で行い、実習現場を提供することを誓約するよう義務付け、その協力姿勢に対して、訓練の終了した人財を提供するような、熟練工確保の制度設計が産学連携で行われるべきであり、ドイツにその範を求めるべきです。

もちろん当該企業に、設備投資資金の調達が円滑にできるよう政策支援を行うとともに、研修のための設備の使用料を支払い、海外市場獲得のためのクールジャパン（日本製品輸出支援）の活用を勧めるなど、幅広い支援対策が制度設計に加えられるよう配慮することが望まれます。

さらにこのような政府による、人財確保の支援を必要としている企業の大多数は、必要人財を社内育成できるゆとりを持たない、中小企業であり、その経営体質の脆弱性を補うことは、国際的にも容認されているところであり、政府が方針を確立しオープンな就業教育を設計し、その受益者負担を求める制度設計も必要と考えられます。

第四にアメリカ流の、移民就業機会の創出を促す制度設計も、必要であると提言しなければなりません。

日本では、創業又は既存中小企業の新規事業活動の展開に関し、アメリカのように流入外人に期待できるのは、相当先のことと想定されます。

残念ながら、今後、日本が外国人を受け入れ、技術研修を終えた人財を国内に止め創業を促し、その経営を支援して必要とされる産業部門の就業者を増やし、内需拡充へのマッチング（合致）を図るというのは、種々の制約が問題となるものと考えられるからです。

そのためクリントンの提言に学び、我が国の企業の人財育成に徹底的な検証を加え、人財に対する先行投資に相当の時間をかけ、長期計画で取り組む設計とするよう提言しなければなりません。

このような課題に対し、既に地方公共団体が、地域の就業改善を図り、大手企業のＯＢ

人材を、中小工場の生産管理指導要員として養成し、「モノ作りインストラクター」として派遣する制度を設けつつあり、これを就業教育の基本設計に加えることも提言することとします。

また政府が創生法の一端として位置付けているのが「プロフェショナル人材戦略拠点制度」であり、公務員・独立行政法人人材、民間大企業人材、中小企業経営人材等の有益な経験と知見を有する人材を、新規事業や海外展開を図る地域の中堅・中小企業に紹介し、その助言によって「攻めの経営」へと転換することを図る制度となっています。

このような企画は中小企業者の「経営の視点」とプロフェショナル人財の「参謀の視点」との全人格的マッチングが必要であり、その上人材の地域貢献意識による地域学習努力、できれば対象地域に住みプロボノ（善意）行動で「地域経営宣教師」ともいうべき資質を備えることが望まれ、難易度の高い政策として取り組むことが求められます。

第２編第２章　「就業教育を設計する」要点イラスト

就業教育のコンセプト

各省の就業者教育制度名

文部科学省；「産業教育振興法」

：義務教育から大学までの教育における社会人への円滑な成長を促す教育。「勤労に対する正しい信念」「産業技術習得」「工夫創造能力養成」により、「経済自立に貢献する有意な国民の育成を目的とする産業教育の振興」

；ユネスコの技術・職業教育に関する条約に基づき「学習指導要綱」を改訂「技術とモノ作り」「情報とコンピューター」としＩＣＴ（情報通信技術）を明記。

；実践的な技術教育を行う新たな高等教育機関の制度化に関する有識者会議

厚生労働省；職業能力開発促進法に基づく職業能力制度の研究会で検討

経済産業省；キャリア教育アワード

職務遂行力教育

設備機器を活用し必要な職務を遂行できる能力を育成する

①構造・機能・操作・補修・故障・修理等の技術知識の学習

②同上の実習による実務経験の習得

日本の高度成長の原点；①国連軍の教育訓練：ＴＷＩ（職長教育訓練）とＭＴＰ（管理者研修）

「盗み取る技」　「与える教育」　「望む教育」

②国内ＩＥ専門家の活動：大学教授・コンサルタント等

動作分析 ➡ 時間研究；ＷＦ法（1万分の1分）、ＭＤ法

③小集団活動の浸透；提案箱・ＱＣサークル・カイゼン

④デミング賞による品質管理競争ＳＱＣ ➡ ＴＱＣ ➡ ＴＱＭ

経済大国アメリカの悩み
ジョブミスマッチが続く

1993年クリントン大統領就任演説；労働投資の最重視

「一生安心して働けるエンプロイアビリティの国家」宣言

2015年ＦＲＢイエレン女史「ダッシュボード」U6失業率最重視

ドイツ・デュアルシステム　ＥＵ独り勝ちと問題点

ドイツ・デュアルシステム＝理論と現場作業の２本立て就業教育システム

入学者のギャップイヤー（すき間期間）による最適職種選択余裕と入学後資格取得

受入れ企業の人財育成支援活動（使用設備・指導員マイスター提供，日当支払）

多様な職種コース選択の自由（技術・技能・営業・事務・情報）

{今後の課題；新職種対応限界、衰退職種発生、ＥＵ各国への開放（ギルド離脱）

少子化による応募減少、大学学位選択者増加等

日本の
就業教育
設計に提言
する

1. 人財への先行投資計画を策定する
2. 海外進出のための国内マザー拠点（テストプラント、モデル店舗等）への先行投資を敢行する
3. 人財に専門技術の学習と実務研修への参加機会を義務付ける
4. 海外進出工場。店舗向けのバイリンガル助言人財を育成する
5. 専門分野を持ちながら全体最適を図る職務に配置する

第３章　地域を活かす創生人財に提言する

日本が抱える課題に真正面から取り組まなければならない最優先課題とされたのが、少子高齢化の中で都市への過度集中が進み、地方が消滅の危機を迎えているという課題に対し、地方を活性化させるための創生法を定め、各府省庁にまたがる課題を解決する担当大臣を内閣府において、矢継ぎ早に革新政策が採り上げられることとなりました。

少子高齢化も都市集中と地域過疎化もともに人口問題ですがそれを政策課題とすることは基本的人権に関する問題であり、従来は自然現象と同様に政策では解決策を見いだせない課題と考えられていましたが、その発想にメスを入れた重大な政策転換であり、極めて先進的な政策として重く受け止めなければなりません。

少子高齢化を解決するために、女性の特殊出生率を上げ、都市集中と地域過疎を解決するために、都市から地方への移転を促すというのですから従来の常識を超えた異次元の新発想に基づく画期的革新政策であり、これによって変更困難とみられてきた政策領域の改革に挑戦する政府の意気込みは、従来のタブー（禁忌）を覆す画期的というに相応しい政策と評価しなければなりません。

これに対して人権活動家から、国会を取り巻く猛烈な抗議が起きることも想定されましたが、このまま放置すれば学童が減少し、高齢者が多数を占めることを理解し、先送りが許されないことを了承している国民の良識が働き、ブーイング（抗議音）もなく地域創生法が着々と施行されることとなりました。

これは正に日本の歴史において、新たな時代の到来を告げる革新的、画期的な意義ある政策であり、国民共通の重要な政策であることを認めるコンセンサス（多数合意）が得られているものと理解し、国民として英知を結集して今後展開される広範にして多様な分野に亘る具体策に協力し、着々とその実現を図る努力を続けなければならないと考えるべきであるといえます。

しかしながら創生法のめざす目的を達成するためには、その具体的方法を提言する人財の育成を図る基盤構築から開始することが必要と考えなければなりません。

その人財を法律名の「創生」に加えて「創生人財」と定義し、地域又は企業において地域活性化の企画立案から具体的実施手順までを担当し、関係する政界・官界・学界・労働界・産業界の同意を得て安心・安全・安定国家を実現するための役割を担う人財と位置付けることとしました。

従来の漢字の法律名をひらがな文字とした「まち・ひと・しごと創生法」は「まち」は「夢や希望を持ち、潤いある豊かな生活を安心して営める地域社会」、「ひと」は「地域社会を担う個性豊かで多様な人材」、「しごと」は「地方における魅力ある多様な就業の機会創出」と詳細にその意味を謳い、理解されやすい内容とした法律となっています。

これには経済情勢の変革を受けて、随所に顕在化した制度疲労から脱出する画期的な法となることを目的とした二つの理由があるものと考えられます。

第一に国家存立の基盤となる人口の減少への対応策をたてることにより、国家の存続を図るための大命題と位置付けたことであり、第二に地域間格差への対応策として、都市を中心に展開された政策から、地方に重点を絞った政策を採り上げ、地域産業の振興により地域格差の是正を図る政策へと転換することの必要性を重く受け止めたことです。

地域という場合、一般的にはそれを構成する「地方」を意味するものであり、その対比用語として「都会」を挙げるのが常識となっていますが、都会の中の特定地域も「地域」

と考え、地域政策とは地方のみならず都市も含めた「コンセプト（概念）」として考えるのが創生法の考え方といえます。

そのめざすところはヨーロッパで用いられている、国家としての特定の「スペース」（地域の広がり）と同一のコンセプトと考えることができます。

東京圏、中部圏、近畿圏を中心とする産業の大都市集中化と地域の限界集落過疎化とを是正し、国民生活の場であるスペースを有効活用し、個性化し多様化した国民の生活環境を創り出そうとする発想であり、従来の都市経済中心の発想とは趣きの異なる政策転換であり画期的政策と評価できるところです。

これを実効性ある革新政策とするためには、そのカギを握る人財の育成を、図らなければならないのであり、その方法に関し提言することとします。

創生政策の画期性を評価する

従来の政権与党議員の政界コースは、初当選後派閥入りし、その指示により忠実に採決に参加し、与党の部会に配属され、順送りで議院の委員会委員の指名を待ち、やがて族議員として頭角を現わし、健康第一で、元気に「金帰火来」に努め、地域選挙民の評価を高め派閥役員就任を経て、委員会委員長に就き待望の大臣就任を得て、故郷に錦を飾るというのがお定まりのコースでした。

ところが小選挙区制に移行し、経営環境の変革に企業経営がイノベーションで対応すると同様に、政治家も単なる従来の伝統的慣行に従い、順番待ちする姿勢を改め、専門とする政策分野を定め政策改革を提言し、脱派閥で自身の立ち位置を明確にすることにより、一目置かれる政治家となる道を選択する「本物の政道」に就くことが求められる時代を迎えることとなりました。

このようにして専門分野で注目される政策を提言し、それが同僚議員から注目され喝采を浴び、関係官僚も将来を期待して省益を超えて政策提言の影の応援部隊となる好関係を築くことにより、個人的な利権とは無関係の専門性を持った政治家としての地歩を確立することが可能な時代となったのです。

この結果、従来の利権関係と異なる本物の政策提言により、選挙民の評価を高めることをめざさなければならなくなり、票数で多数を占める女性重視のダイバーシティ（多様性対応）政策、少子高齢化による地方の疲弊に歯止めをかける「地方創生」政策、専門とする分野の政策等に関する提言力を向上させることが、議員歴を重ねる要件として不可欠となることとなりました。

政府もこのようなメガトレンド（大時流）を活かし、従来のバラマキ政策から脱皮し、グローバリズムに対応して、国際的調和を図りながら、地域の振興を図る「創生法」の活用に注力して先行投資を図り、内閣府が主管府として、省益を超えて関係省庁官僚も参加する、連携政策プラットフォーム（舞台）を築き、日本経済再興に着手することとなりました。

その意味で２０１６年は、日本の70年に及ぶ「制度疲労」に本格的メスを入れ地域政策の革新を通じて少子高齢化に対応できる政策としての「地域創生」を旗印とする、本物の「制度活用」開始の画期的（エポックメーキング）な年度となったといえます。

日本としては近代化を進めた「明治維新」に次ぐ、「グローバル（地球規模）維新」ともいうべき改革に踏み出したのであり、日本が新たな政策の採用により、世界に貢献することが期待される劇的改革を迎えるチャンスが訪れたのです。

したがって創生法により、従来の国内利益集団を擁護し、バラマキで問題点解決を先送りしてきた制度疲労を卒業し、イノベーション（改革）により、新たな「創造」を図り、将来の明るい展望を実現するための日本経済のエンジンへの「先行投資」が本格始動し始めたものと高く評価しなければなりません。

日本のグローバル展開を支えるプラットフォーム（屋台骨）ともいうべき地域創生政策チームが、内閣府に置かれたことを評価するとともに、その意を戴して経営行動を展開すべき日本企業が、この政策に応える人財を育成し、創生を実行する機関となるべきであると提言しなければなりません。

地域創生人財が日本を創る

今後の日本を担う地域人財には、「地域を熟知し、地域を愛し、地域の付加価値創出を図る役割を務めることのできる専門能力を持ち、安定した思考力と円満な家庭生活を営む卓越した人物」として活躍することが期待されています。

グローバリズムに対応する日本の創生政策を活用する役割を担い、社会に貢献することを目的とする地域企業の構成員として、企業の最終決定権者の決断が、的確に行われるよう助言する参謀的役割を果たす人財及びそれを受けて最良の決断を行う人財とを、特に「地域創生人財」と定義することとしました。

　このような位置付けにより、日本がめざす創生事業は、地域創生人財の活躍によって担われることとなるのであり、そのために企業において創生人財の在り方を、どう位置付けるかが、極めて大きな意味を持つこととなります。

　それは常に地域企業の経営実績を把握し、将来を予見してそれに対応しあるべき方向を見究めて問題点を明らかとし、その経営革新方法を提言し、その実行を担当して安定経営の持続を図ることが求められる存在といえます。

　これを世界の経済史という観点から分析しますと、有史以来、様々な人類の「理想郷創り」が、多くの為政者により議論され試行され、幾多の国際紛争を経て、市場資本主義と民主主義とが融合し、漸く社会貢献を果たすために、公益を基盤とする「公益民主主義国家」をめざすことが、世界の多数の国に選択されて、現在に至っているものと理解できます。

　社会主義か資本主義かの選択は、ソ連邦の崩壊により東西冷戦に終止符を打ち、人類の平等を最優先課題とする民主主義国家と、市場競争原理により資本活用を図り付加価値を創出して、人類の安心・安全・安定の持続を図る資本主義国家を採択することが、世界の総意と認められる状況となりました。

さらに国家を構成する企業の経済活動に、社会貢献責任を求める方向が、大方の合意を得ているものとみるべきであり、したがって公益民主主義国家が世界の主流を占めることとなるという見解をとることとしました。

このような観点に立って、国民の就業機会を確保し、その生活から不安感を払拭し、安心・安全・安定感を持続するために、将来を見通し知恵を働かせている人財の全てを地域創生人財と位置付けることとしました。

日本の経済活動を担う企業と、その構成員としての助言者及び決断者を地域創生人財と定義するとともに、これを広角的に国家という観点から見て、「専門家としての知識と見識を持ち、付加価値を生み出し、社会に貢献する人財」であり、国家は「地域創生人財により維持される組織」というコンセプト（概念）を確立して、その育成と活用を図ることを検討することとしました。

日本には、古来「職人」と呼ばれる技術の専門家がいましたが、その人物像は仕事の現場に入り先輩の行動を盗み取りして、自力で技能力を習得した「叩き上げ者」で、腕に自信があるから妥協を嫌い、自信を持って言い分を押し通す人物という、イメージで見られてきました。

その上、口下手で飾り気のない言辞が多いのが「職人気質」と理解され、人間的には直情的で良い人物という評価と、一芸に秀でているものの短気で協調性を欠くという好ましくない評価とが混在していました。

このような先入観かあるために、「職人」を創生人財と同様に理解するよう求めても、一般的には古いイメージに邪魔されて、まともな評価を期待することは、無理という判断から、敢えて「創生人財」とすることとしました。

世界の先進国の一員と認められる日本人として、職業に貴賤がないことを認め合い、専門分野を持つ職人であることを誇りとする就業者を、創生人財と評価することにより、就業者のインセンティブ（動機）を高め、自信を以ってしごとに当たる、就業環境が具備されることが望まれます。

古い職人差別意識を破棄し、学歴ではなく実社会を経験し、仕事を通じた人間交流で立派な常識を持ち、高い教養を感じさせる人財をイメージすべきであると考えています。

伝統工芸品や精密機器等の技能士認定を受け、高度の熟練者として、「名工」「匠」「師匠」等と呼ばれ、「人間国宝」という名誉称号も贈られている人もいますし、最高の栄誉とされる文化勲章を授章した人の中には、木彫、陶芸、漆器等の名工も名を連ねています。

匠のみならず、国民の選良として、国家のために心血を捧げている政治家も、法治国家を支える裁判官・検察官も、国や地域の政策作りに注力する官公吏も、企業競争の最前線に立って、付加価値創出に注力している産業界の人財も、全て社会に貢献している専門分野の達人であり、広義には、日本を支える創生人財ということができます。

職人という言葉を外国語に置き換えますと、英語では「クラフトマン」、ドイツ語では「マイスター」等と呼ばれ、熟達した技術者に贈られる称号であり、公的奉仕をめざす「パブリック・サーバント」（公僕）として専門技術を持ち、尊敬される職業人を意味するのであり、日本がめざす創生政策の担い手は、こうした卓越した人格者により構成されることが最も望ましいものといえます。

卓越した専門分野を持ち創生人財と呼ばれることを誇りとし、社会貢献をめざして活動することを人生の目標とする人財の輩出により、日本が世界に貢献できる国家と評価される条件が具備されるものと提言しています。

創生人財は科学性を求められる

地域創生人財は付加価値の増加に寄与して社会に貢献するとともに、楽しく明るい人生を過ごす家庭人として、二様の人生目標を持つべきであると提言し、そのためには一時的な感情に流されず科学的に「技術」を習得し、それを活用して「全体最適」を図ることを行動規範とするよう求めることとしました。

ここで「全体最適」というのは、地域や企業経営全体を広角的、長期的に観察し、将来に亘って、最も有効と判断される見解を選択し、その実現に向けて関係組織が行動できるような仕組みを創ることを指すものとします。

また「技術」とは理工学系の生産技術のみでなく、情報、金融、流通、サービス等の全職種に関する科学的理論と実務処理能力とを具えていることを意味することとします。

「科学的」とは合理的な理論に基づき客観的に認められる条件のもとで実行し所期の成果を実現できる方法を意味しますが、２００８年に日本学術会議が「21世紀を豊かに生きるための科学の智」として挙げたリテラシー（文章表現方法）の3要件が、最も理解しやすい説明と考えらえますので、ここではそれを引用して説明することとします。

第一は技術に関する知識の習得であり、多量・多様な技術知識の中から必要な知識を理解し、分かりやすく説明できるように絞り込んで、単純化することを求めています。

その考え方を採る根拠として、中世のスコラ哲学の剃刀といわれた教学の権威者オッカムが、多数の宗派により複雑な理論構築が展開され、宗教の意義が理解され難い状況になったことを解決するために「理論的根拠の無い仮説の排除」を求めたことを引用していま す。

複雑系経済学が世界の主流となり、経済学の無力化が指摘されるような事態を「単純化」によって解決するよう求めたものといえます。

日本学術会議は敢えて最先端の複雑系手法を回避し、複雑化し膨張する知識の全てを究める方法を改め、重要で必要な少数の知識に集約し理解し易く説明しやすい方法を用いて科学的に課題解決を図ることを求めているのです。

クラウド・コンピューティング技術（ネットワーク経由ソフトウエァ利用業務処理）を駆使し、ビッグデータ（巨大数値）の解析が可能な現代においても、人間の判断力を、選択の基準とすべきことを重視した発想と認められます。

第二にその絞り込んだ知識を使うための方法が、理論・実技を通じて体系化され関係者に理解され円滑に実行されるように、説明する手順を踏むことを求めています。

知識を絞り込むことにより、具体的な方法が分かりやすく関係者に理解され実行することが容易であるような、環境とするよう求めているのです。

第三は実際に技術を使いこなす能力を備えることを求め、時間的許容度、位置的条件を確認し、仕事の現場で実際に機器を操作（オペレーション）し、保守・点検・修理（メンテナンス）して、所定の職務を遂行することを求めています。

この考え方は、アメリカのニューメキシコ州に設けられている、サンタフェ研究所の複雑系学際研究において指摘されている「時間と距離のシステム思考」をベースとしているものと考えられます。

企業の実態に合わせて分かりやすく解説すれば、「時間的許容度」とは定められた期限内に実行できることであり、できるだけ短期間に処理できるＱＲ（迅速対応）態勢を構築することを意味します。

「位置的条件」とは決められた現場で実行できることを意味し、現場とは工場・倉庫・事務所・コンピューター室・売場・調理場等の職場を指し、情報の収受と合わせ、需要と供給の整合性が図られる場と理解できます。

経営環境に対応し時間と位置とを採り入れたシステムとして、経営課題解決にあたることにより、科学性が発揮されるものと指摘しているのです。

ここではこのように科学性を発揮すべき創成人財が、備えるべき資質と行動基準を次にようにまとめて提言することとします。
①経営課題を網羅的に把握しながら、集約する能力が求められます。
②専門分野に対応しながら、全体最適を図る能力が求められます。
③現状に対応しながら、将来を予見する能力が求められます。
④短期課題を処理しながら、長期課題解決能力が求められます。
⑤社会貢献を果たしながら、効率向上を持続する能力が求められます。

創生人財の生活姿勢を設計する

公益民主主義国家は、地球上の全人類を、人種・性別・信条・宗教・資産等で差別せず、全ての人類が、安心・安全で安定した生活を、営めるように協創してゆく社会であり、その役割を担う創生人財には、健全な身体と健全な精神を持ち、社会に貢献することを第一義とする人生観に基づいて行動することが求められます。

現代医学においては、「太り過ぎは、自己抑制のできない精神的に弱い人材の証拠であり、創生人財に相応しくない失格者」という冷徹な診断を下します。

まず自分の意思で心身の健康を維持できる生活を続けられる人財が、創生人財となり得るのであり、そのために活動の素となるエネルギーを生み出す食事を適質・適量取り、労働を持続するための再生産が可能な睡眠時間を確保することが不可欠となります。

必要以上の過剰な食事をとり、メタボリックシンドローム（腹部肥満・内臓肥満・高血圧・高血糖等の合併症）に罹ることは許されないのです。

過剰な睡眠によって眠れないにもかかわらず睡眠不足と嘆き、睡眠薬や寝酒の世話になるのは、自己生活管理力の欠如であり創生人財の使命を果たせない「規格外人物」としてマークされます。

まして疲労・ストレス・悩み等により「メンタルヘルス」（精神衛生）専門医の世話になるようでは、創生人財として明らかな欠格条項です。

「労働安全衛生法」は、従業員50人以上の事業所に対し、ストレスチェックと面接指導を義務付け、ＩＳＯ（国際標準化機構）は４５００１「労働環境版」を設けて、企業に労働者の安全や基本的人権の維持を促すこととしていますが、創生人財には、これらの症状を無縁とする強い精神力と体力を具え自己管理できることが求められるのです。

心身健康であれば個人の恣意やおごりを抑制して、正常に企業の経済活動を展開し、家庭人としても家族の協創を得られる生活環境を確立することが可能となり、社会貢献が生き甲斐となる人生観を活かすことができます。

日本は短期間で高度成長を遂げ先進国の仲間入りを果たしましたが、その一方で、モノに恵まれながら年金制度の設計ミス、世代間所得格差、ＧＤＰ（国内総生産）の2年分以上に相当する世界最大の国債を抱える苦境に陥り、世界経済混乱の発信源となるのではと懸念されました。

このため将来不安に備えて、節約に努める生き方が選ばれ、少子高齢化による人口減少と合わせて、ダブルパンチ（二重打撃）で個人消費が伸びず、金融の異次元緩和にもかかわらず国内経済の好循環を実現するには長期計画で対応しなければならない状況となっています。

これに加え日本の貿易を支えた世界の輸出商品市場が、大量生産によりコモディティ（日用品）化するとともに、新興国の技術力向上、日本技術のガラパゴス化（特異孤立環境）もあって、国際競争力も劣化し貿易収支が恒常的にマイナスとなる事態を迎えるという絶望的見解も聞こえてきました。

これに対し経済専門家やマスコミは再び日本が国際市場で成長を続けるため、高付加価値製品を開発し競争優位を確保すべきであるとの原則論に終始しますが、その実現を実証する確固たる根拠を見出すことは困難な状況です。

このように毎日、大量に報道される新聞やテレビの悲観論に臆することなく、ステークホルダー（利害関係者）や家族から信頼されるためには、何といっても心身ともに健康であることが求められます。

このように創生人財には健康な生活の中で、自らの見解を科学的に構築し、全体最適感で対応して「努力する楽観論に立つ人生観」を確立するとともに、ステークホルダー（利害関係者）の信頼に応え、その安心・安全・安定が持続するように努めることが求められているのです。

創生人財の働きを設計する

創生人財には、将来を予見し経営環境変革の予兆を素早く把握し、それに対応し必要な経営資源の質・量を調達し活用して、クイックレスポンス（迅速対応）で、ベスト・プラクティス（最適成果）を実現することが求められます。

現場で発生する職務を、企業の定める手続きにより解決することは当然のことですが、今後発生する事態を予見しその対応策を予め立て、その影響が軽減されあるいは解消して、続発しないよう改善・改革することが求められます。

創生人財が活用すべき経営資源は大別すると「個別系経営資源」と「システム系経営資源に分けられますが、個別系経営資源として従来から用いられてきたヒト・モノ・カネに加え、経営環境の変革に伴い、時間軸と立地軸を追加することが必要となってきました。

現代は「ＱＲ」（クイック・レスポンス、迅速対応）の時代であり、それを活かした典型例はＩＣＴ（情報通信技術）のクラウド・コンピューティング（インターネット経由ソフト活用）によるビッグ・データ処理です。

全世界を瞬時に結び決断と実行を迅速に進めるためのツールとされているのであり、創生人財は「時間」「立地」を独立した経営資源として採り上げ、有効活用を図らなければなりません。

企業は時間研究を進めて時間軸をベースとして経営計画を定め、目標時点までに成果を挙げることにより運営されなければならないのであり、時間コストが効率性を把握する基本的ツールとなります。

「立地」は企業の所在位置により経済格差をもたらす、「地政学的位置」といわれるように、独自の経営資源として取り扱うべきものであり、エネルギーを事例にすれば、石油対シェールガスの産出地域、人口問題を事例とすれば北半球の先進国の人口減少対南半球の新興国人口の急増、宗教を事例とすれば、キリスト教対イスラム教の対立等の事例を挙げることができます。

創生人財は単独経営資源より、むしろ現代ビジネスの最先端として活用されている各種のシステムの活用に精通し、適切に選択することが求められます。

システム系経営資源と云うのは、複数の経営資源により構成されるシステム（関連機能融合活用方法）を経営資源としてみる考え方です。

研究開発システム、生産システム、アウトソーシングシステム、マーケティングシステム、物流システム、金融システム、人財システム、情報システム、経営法務システム等が挙げられ、さらに今後も複数システムの融合化・一体化等により新たな最先端システムが構築されるものと想定されます。

研究開発システムは、新製品・新サービスの開発と、その提供プロセスを開発し、社会に貢献することをめざす企業行動です。

迅速で低コストを求められ、コンカレント・エンジニアリング或いはサイマルティニアス・エンジニアリング（同時並行開発技術）等の手法が活用され、個別企業の「クローズドシステム（囲い込み方式）」から、「オープンイノベーション（開放協創方式）」をめざして進化を遂げています。

最先端分野として、サイバー（情報技術）、ナノ（10億分の1メートル単位）技術、ゲノム（遺伝子）、エコ（環境）、インナー（脳内）、宇宙開発等の新たな研究分野が毎年登場し、絶えず進化しています。

ドイツで進められているインダストリアル4・0（第4次産業革命）は、機械化による「第1次産業革命」、電力活用による大量生産の「第2次生産革命」、コンピューターによる自動化生産の「第3次生産革命」の次に起こる「第4次産業革命」を指すものといわれています。

モノとモノとをインターネットで結ぶIoT(モノのインターネット)で、自社の設計・開発部門、資材部門、販売部門のみならず企業外のアウトソーシング(外部調達)先、販売顧客先の情報を処理し、製造・在庫・物流コストを最小化し、付加価値を最大化して環境負荷を低減するサプライ・チェーンシステム(供給網)の構築を図る新たな産業構造をめざしているとされています。

産官学が連携し国策として展開し、現存システムとサイバー(電脳)システムを融合した、スマート工場(電脳工場)により、その一端である3Dプリンター(3次元設計)活用により、従来の切削加工技術を積層加工技術に切り替え、小ロットカスタムメード(少量顧客仕様生産)を可能とする新たな規模メリット発揮のビジネスモデルをめざしているものとも指摘されています。

この新システムは世界の電子機器製造業の最先端を歩む既存のEMS(電子機器製造サービス)に新たな国際競争関係をもたらすものとして注目され、ドイツは自国の基幹産業を結んで産官学連携で世界市場を確保しようと、かなり国家色の濃い大型プロジェクトをねらって展開しているとされ、国際的には警戒心を持って見られている状況にあるものということができます。

この動きに対し、アメリカのコングロマリット（複業事業体）のＧＥ（ゼネラル・エレクトリック）が、ＩｏＴ（モノのインターネット）を「インダストリアル・インターネット」という用語に置き換え、「世界のＧＥ」として従来高い収益性を確保していた金融部門を切り離し、アメリカの技術力を強化しようと「選択と集中」を図り、ドイツと同様に世界覇権をめざしています。

この選択には世界の金融市場における収益の低下を先取りし、金融市場で運用していた資金を、自社の得意とする製造業分野に投入し、収益の安定確保を狙うグローバルな経営戦略が反映されているものと考えられます。

複業産業機械大手として機械とセンサーにより稼働状況をビッグデータとして採録し解析して、最適の性能を発揮できる条件を取り込み時間短縮（ＱＲ）を図って合理化を進め、競争優位を確保しようとする戦略を採っているのです。

世界を展望しますとエネルギーに関してはシェールガス、メタンハイドレード、水素ビジネスが着実に事業化されつつあり、自動車の全自動運転システムが、石油と運転者を不要とする、画期的技術となることも想定されています。

物流システムでは民生用ドローン（無人航空機）が注目を集め、生産とマーケティングシステムとが融合した国際的サプライチェーン（供給連鎖）の構築、超高頻度取引を可能とする電子技術と金融技術とを融合化したフィンテク（最先端金融技術）の開発、国民総背番号の「マイナンバー」によりキャッシュレス決済を可能とする通貨革命等が続出するものと想定されています。

また注目を集めているビッグデータ（大量情報）処理は、コンピューター産業の単純ルーティン（通常）ワークと化し、人手不要となってデータアナリストは消え去る職種と目され、就業者を必要としない社会が訪れると予見される一方では、遺伝子暗号化が進む医療技術分野や宇宙産業分野では、その安全性を確保するために膨大な人財需要が起きる社会がくるとも指摘されています。

このような経営環境の変革に対応し、進化を図らなければならない創生人財に最も期待されるのは、企業の存立を認める条件ともいうべき社会貢献を最優先して、事業行動を展開する姿勢を貫くことと提言しなければなりません。

ここで社会貢献とは、企業として自然・社会・人間に対し、相反することなく最適・最善の機能をもたらすように行動することを意味するものとします。

しかしながら社会貢献を企業の存続条件とすることが常識となっている産業界においては、人間の強欲に基づく反社会行動を採るブラック企業行動、グレー企業行動が後を絶たず、世界経済を混乱に陥れ、日本でも大企業が国民の信頼を裏切る反社会行動を敢えてする事例が報じられる状況です。

従来から「収益性と社会性」を二律背反と理解してきた常識を革新し、「社会貢献する企業に収益計上の資格が与えられるもの」とする原則に革新し、ブラック企業やダーク企業を容認しない社会を、実現することを創生人財の行動規範に組み込まれるよう提言しなければなりません。

企業として地球環境保全に貢献し、社会の公器としてガバナンス（企業統治）を図りアカウンタビリティ（説明責任）を果たしコンプライアンス（遵法）に努めて社会的責任（ＣＳＲ）を果たすことを、存立の条件とする時代に入っているのであり、その役割を果たすことが創生人財に課される使命といえます。

このために創生人財には、多様な経営資源を調達し、活用して全要素生産性（ＴＦＰ）を高め、全体最適を図るための、助言力と決断力が求められます。

全要素生産性とは、投入された資金量と労働量を上回る成果を上げることとなった状況を指す言葉であり、このような成果は創生人財の経営技術の進化によりもたらされなければならないものと期待されています。

自主的な生涯学習に期待する

政府の人財育成政策に依存する発想を改善し、企業と就業者が協力して生涯学習で、創生人財の育成を試みるよう提言することとします。

第一に日本のグローバル化による、海外生産拠点の増加が、国内における人材育成の場を減少させ、その結果、海外工場がカイゼンの主役となり、国内工場の生産現場は遅れを取り、「マザー工場」（海外進出の拠点技術工場）としての優位性を喪失し、日本の得意とするモノ作り力が低下すると危惧する声が聞こえてきます。

しかしながら、これは失望すべきことではなく、進出現地の雇用を増加させるとともに、日本のカイゼンを活かして生産性を向上させ、進出国経済に寄与しているのであり、先進国としての責務を果たし国際貢献しているのであって、胸を張るべきことと考えるよう求めなければなりません。

しかもこの結果が日本の所得収支を押し上げ、貿易収支のマイナスをカバーして日本の国際収支に寄与しているのです。

したがってこのような状況をさらに改善していくためには、日本国内においては企業と就業者が協力し、専門分野の技術に関し、生涯学習が可能となるような環境を用意して先行投資を行い、技術レベルの低下が起きないような工夫が必要であり、その役割を創生人財に求めなければなりません。

企業は最新の技術情報を収集し、それに対応できる設備導入を図り、実習できる設備・機器に先行投資するか、実習可能な設備・機器メーカとタイアップして、実務体験できる場と方法を見出すべきであり、就業者には自己の専門分野技術を陳腐化しないよう努力して、生涯学習を継続することを求めなければなりません。

第二に人財採用に関し、従来の欧米における「職務型」に対し、日本は「養成型」であり、養成コストと養成期間の時間ロスが、国際競争力を欠くと指摘し、日本の人財採用基準を、欧米職務型へと修正すべきであるという見解が強まりつつありましたが、この点についても再検討する必要があります。

その理由は、技術革新が緩やかな進度であった従来の状況と、激変ともいうべき経営革新が、短期間で繰り返される現状の事態とを比較しますと、一般的には就業者の技術力の劣化が進み、職務型の採用ではジョブミスマッチ（仕事能力不整合）が起こり、必要人財を確保し難くなっている実態に対応して、発想の切り替えを求めなければならない状況に激変しているからです。

このため必要人財を採用後、企業サイドで養成する従来の日本型採用方式が、望ましいとする企業が増えつつあることに、注目しなければなりませんが、その実施に当たっては、企業と就業者の協力により生涯学習を地道に続けること以外ないといわなければなりません。

第三に就業者において、自主的にエンプロイアビリティ（採用条件適応）を図るため、就学機会を自ら選択するケースも想定されるのであり、就業者のみの選択に任せるのではなく、企業が協力の手を差し伸べて後押し、生涯学習できる場を用意し、就業が継続する環境を用意することが必要となります。

このように企業と求職人財との双方に発生しつつある、就業機会選択肢の多様化に対応し、創生人財を確保するために活用できる新たな動きの具体例を挙げ参考に供することとします。

①建設業界では、大工や鉄筋工等の不足と高齢化に対応するため、企業負担で訓練校を設け、全寮制の訓練生として受け入れ、２年間程度の理論研修と実務研修を課している事例が出ています。

大手企業ではトヨタのように企業組織として、従業員に対する教育訓練を行う「企業内学習制度」を採用する企業が、増加しつつあるとされています。

②政府が大学を「技能専門校」とすることを認める、新制度の法制化を図り、卒業後直ちに実務に就ける実務能力を付け、学士号も付与する方向を、早急に実現するとしており、創生法の関連として今後の展開が期待されます。

③「教育再生実行会議」が、企業のニーズに対応する、実学を重視した実践的プログラムを大学に設け、社会人にもその活用を認めることにより、好きな職業に就くエンプロイアビリティ（就業力）を高める制度を、設けるべきであると提言しています。

④海外で採用されている「ギャップイヤー」（進学すき間年度）制度を導入し、学生自身が将来有望で自己の適性にマッチする仕事分野を一定期間かけて見定め、それを満たす技術習得可能大學を選択して、国際的に一般化している秋入学制度とすることも検討され

ましたが、学校教育法に基づく大学設置基準もあり、実施するには相当の期間を要するものと考えられます。

しかしながら人生において最大の課題となる学習方法としては、学生自身に判断できる環境を与えるべきだという意見も出ており、その実施は人財のミスマッチ（不一致）解消に大きく寄与するものと期待されているのであり、今後の検討課題となっています。

「ギャップイヤー」とは、高校卒業後の大学進学までの期間を半年ないし1年間くらい設けて、この間ボランティア、インターンシップ等を通じて、実務を経験し、自分の進路を選択できる機会を与える制度であり、海外では実施済みであり、ドイツのデュアルシステム（理論・現場作業並行教育訓練方法）はギャップイヤーによって成り立っている制度です。

⑤「産業競争力会議」が、グローバル化に対応できる人財のＩＣＴ（情報処理技術）を上げるために、新たな高等教育機関を設け、30歳超の人財が「セルフキャリアドック」（自己学習場）で、プログラミング等の実務対応力を付ける制度を、２０１６年から開始するよう求めています。

このバックグランド（背景）には、民間企業の一人当たり人財教育訓練費がバブル経済のピーク時に比べ、半額以下に激減している実態を修正すべきであるという危機感があるものと考えられます。

このように、現場の即戦力を具えた人財を育成しなければ技術の陳腐化が進み、最終的には技術継承ができなくなるという危惧すべき事態を改善する種々の試みが行われていますが、人材育成は継続的に長期に亘り、先行投資を要する企業経営の根幹に関する課題であり、創生人財の育成は、骨の折れる経営課題であることを認識して対応することが必要であると考えなければなりません。

創生人財を学習で育てる

先進国の中で、最も早く少子高齢化社会を迎えた日本は、低下する労働力率（15歳以上の人口に占める労働意欲と労働能力を持つ者の割合）に対応し、就業者を増加させなければならないのに、就業者が確保できない人財不足状況にあります。

このような状況は、企業が求める職務能力と、求職者の持つ資質との差異に基づくものであり、生産年齢人口の職業観を革新し、働くことを望む人財の増加を図って地域創生を担う創生人財を育成するためには、特にその「学習」機会の拡充を図らなければなりません。

ここに敢えて「学習」としたのは、強制される「勉強」ではなく、自らの意思で「学び、習う」ことを指し、ただ単に「知識を得るための学び」に止まらず、得た知識を活かして、「自ら仕事現場で実習し体得して、自分流の知恵を加えて、求められる企業の職務を遂行し、社会に役立ちたいとする意識を確立する」までを含め育成プロセスを指すものとします。

さらに就業者を必要とする企業にも、将来の安定持続を図るために、積極的に就業者の学習機会を設け、先行投資を敢行する発想を、確立するよう求めなければなりません。

設備投資動向に関しては、景気指標として注目されていますが、人財の学習投資に関しては、貸借対照表に載るものではないとして、会計的立場から経費処理されています。

設備投資を活用する人財がいて、設備投資効率が上り生産性が向上するのであり、そのために学習する費用をその年度の経費とせず、研究開発費として一体化して繰延資産に計上し、減価償却すべきものという考え方も成り立ちます。

会計に関する財務諸表に加え、非金銭的要因を「統合報告書」として作成することが求められる趣旨から考えれば、設備投資活用のための人財学習先行投資も、敢えて認められるのが筋といえます。

人財の学習先行投資こそ、今後の企業の潜在的収益力を、実現できる基本条件であり、その繰延資産計上を敢えて避ける会計処理は、この種の経営革新投資の不発を想定しているものとみることもできるのであり、将来の責任回避を図る経営行動として、糾弾すべき課題となるものと考えられます。

このような企業の人財育成投資とともに、その対象となる学習者である、若年者、中年者、高齢者、子育てを終わった主婦等が、どのように対応すべきかという条件についても検討を加える必要があります。

このため企業の人財育成投資の有効性を図るためには、その対象となる人財が、学習に対して臨む姿勢についても検討し、提言しなければなりません。

人財のあるべき学習とは、自分が就きたいと考える「好きな職業」を選択し、手元資金を勘案して、学習期間を設定し、その分野の職務が遂行できる能力を、体得できるよう知的先行投資を、自らが行うことと考えなければなりません。

ここで重要なのは、単に好きな仕事というだけでなく、少なくとも三つの条件を検討して、学習を開始しなければならないことです。

第一は先行投資に充てる手元資金額であり、少なくとも学習期間中の生計費や学習関連費として、どの程度準備すべきかを計画し、その間、「カネ不足」にならないよう慎重に自分の資金繰り予定を立てて取り組まなければならないことです。

就業が可能となる時までの所要資金は、確実に見通しをつけておくべきであり、不足する金額を借入する場合は自分の人生設計を理解してくれる親戚・友人・知己に止め、返済金額や返済時期を明示すべきであり、サラ金の世話にならない計画とするよう勧めなければなりません。

最近、借り入れた奨学資金の返済に苦しむ就業者が続出しているとして、その過負担に対し配慮すべきであるという議論が出ていますが、本来ならば学習費を先行投資と考え奨学金の返済を自ら計画し、そうした事態に陥らないよう準備することを勧める制度に改革すべきであると考えられます。

第二に、時間計画を的確に作成し、学習に当たっては単なる必要知識だけでなく、就業現場に入り技術実務を体験し習得して、目的とする専門分野に就業するために、どの程度の時間が必要かを確認し学習期間と就業開始目標時点を明確にして取り組むことが必要となります。

この選択に当たり、学歴や、資格にこだわる職業観を捨て、自らが好きな職業を選択し、その技術を習得した後も就業を予定している期間、需要が持続して発生する市場であるかを予見し確認して、実行に踏み出すべきです。

多様なコースの職業訓練校や専門学校の中から選択して入学し、あるいはその道の達人である匠と称される専門家に弟子入りするなど、選択肢は無数といえるくらい多くありますが、あくまで学習後、そのマーケット（市場）が存続すること、顧客が持続して確保できることを確認して先行投資に移るべきです。

したがって学習方法としては、集合教育の他にインターンシップ（就業体験）の多いコースを選択し、必ず現場体験できる職場を学習先として、理論と実務とを並行して習得する方法を選択するべきです。

第三の条件は、学習し習得した技術が需要者の満足を得られるレベルに到達できる可能性を、確認しなければならないことです。

学習結果を先行投資と見なせるのは、習得技術が需要者から評価され、対価を得て先行投資を償却できることにより確認できるものと考えるべきです。

このためには、好きな仕事ができる場である市場（マーケット）が存在し、競合者と比較し、需要者の高い評価を得られる能力が発揮できるような技術レベルに到達することが必須条件となるものと考えなければなりません。

自己の能力を過信し、到達不可能な技術習得をめざすことは、自助努力の限界を超え、浪費となるものであることを直視し、自ら到達できる技術レベルを「身の丈」に合わせ設定することが必要となるのです。

身の丈とは、自分の能力で到達できるレベルを、自ら判断して選択し、学習することを意味します。

学習者ごとの対応条件を確認する

成功する学習とするためには、若年者、中年者、高齢者、子育てを終わった主婦等の置かれた立場により、対応条件が変わるものであり、その各々について留意すべき点を指摘することとします。

若年者の就労条件に関して、特にパラサイトシングル（親族依存寄生生活者）、ニート（非教育・非就業・非訓練者）、フリーター（非正規就業者）、第二新卒者等について、就業するために、行うべき学習に関する留意点を指摘することとします。

学生時代は自らの目標を定められず、両親・親戚等の勧めで進学先を選択し、大企業をめざし、就活に励んだものの失敗、やむなく留年又はアルバイターとなっているような人財は、まず自立するための、資金計画を最優先して確保するよう求めなければなりません。「誰かの世話になり、毎日が大過なく終わればよい」というような、目標のない人生を送る若者には、そうした安易な考え方を是正しない限り、就業のチャンスはないものと厳しく反省し自らの意思を定めて、不退転の決意で臨むよう求めなければなりません。

そのためには、「頭で考える人生」を、「体で覚える人生」に切り替え、肉体労働に挑戦し疲労の極限を経験して、努力する人生観に改革した後、望む職種の学習に参加するよう助言しなければなりません。

初めて農作業を経験し、荒天や集中豪雨の中で、懸命に育てた野菜が、さんさんと降り注ぐ太陽光線の恵みを浴びて、懸命に成長し収穫できたことに感激し、「野菜はウソをつかない」と気付き、人生観が変わったと述懐する若者が新たな農業の途を選択し、希望を見出している農場を訪ね農作業を手伝いながら、直接対話でその姿勢を確認するよう勧めたこともあります。

次に一流大学を卒業し一流企業に入社し、順調に管理職の途を上りつめ、役員昇格かと心待ちしていた人財が、ある日、突然「肩叩き」、「指名解雇」の憂き目に遇い、失業者の群れに転じた場合の事例も参考になります。

過去の栄光と、社会的面子を維持したいとする焦りから、精神的ストレスが鬱積し、不眠症に陥り、徐々に体力を消耗して、潜在していた病魔に犯されて病院通いが日課となり、次の就業機会を確保できない不幸な事例も起きます。

大学選択ミス、職業選択ミス、企業選択ミスの「三重のミス」を重ね人生に疲れながら、その改革を志そうとしない人財に対し、新たな生き方を選ぶための発想法を提言することとします。

早期退職で割増退職金を手にし、自由な時間もたっぷりある「ゆとりある人財」が、新たな人生に歩み出せないのは、会社を離れた人生を考えたことのない幸運が、逆に悲運を招くことになっていることに気付くよう助言しなければなりません。

このような人財には、他人依存を脱却し自ら好きな職業を選び、そのために学習して、「就社」を「本物の就職」に切り替え或は自営に挑戦する選択肢を検討するよう勧めています。

学卒者であれば学士入学できる大学の専門学部を選んで、「人生二度大学」に挑戦し、学士入学で２年間、場合によっては修士コースを選択し４年間、自分の選択した将来の有望技術を習得する時間を設けて、専門技術をマスターするよう提言しています。

また選んだ職種の達人、名人と評価されているような人財の門下生となり、「手伝い」、「かばん持ち」として師事し、その薫陶を受ける道もあります。

張り切って次の地位をめざしていた夢が破れ暇になった途端、その悔しさのみに埋没し、他のことが全く考えられないという視野狭窄（きょうさく）症に罹っているのですから、それから脱出するためには生活環境を変え、時間消費コストの最も安い学習に励むのが、最善の策であると助言しています。

自分で選んだ好きな仕事に、過労死はないのであり、残された人生を好きな仕事で過ごし、「楽しいゆとりある人生」を味わうための幸運なチャンスを得たものと理解し、学習に積極的に取り組むことで新たな生き甲斐を自らの力で見出すことが可能となるのです。

今やサラリーマンとして安定した「一生一就社」で終わりたいと考える人たちを満足させることのできる企業は、稀有と考えるべき時代に入っています。

一生を保証してくれる企業がないのですから、それを求めて悲哀に暮れるより、自らが好きな仕事を見つけ転職し、あるいは自営事業主として、充実した生き甲斐ある楽しい人生を送るのが最善の選択といえます。

このような進路を挫折ではなく過去の栄光を捨てることにより、初めて実感できる楽しい生活の場と考え、誇りを持つて朗らかに新人生を謳歌するよう声援を贈り、創生人財として地域を活かす人財の輩出に期待しています。

子育ての終わった主婦の就業も国が期待する雇用対策の一つであり、２０１６年から施行される「女性活躍推進法」には従業員２００人以上の企業に女性管理職者比率を目標とするよう法制化されています。

女性の働き方もダイバーシティ（多様）化し、ウーマノミクス（女性と経済の造語）で女性管理職登用、年俸が主人を上回る事例もあると報じられます。

最初は家計の一助にという、パート労働から始まり、その後、子育てや介護の経験を活かして託児・保育、介護等に就業し、さらに上をめざして自ら創業して事業家の道を歩む意欲ある主婦も輩出しつつあります。

自宅の空き部屋を活用する、自宅利用小事業所（ＳＯＨＯ）が増加し、最近では、兼業を認められない主人に代わり、主婦が社長となり、ダブルポケット族（二つの収入ある家計）の楽しみを味わう家庭も、増えているといわれます。

このように、就業希望者が、好きな仕事を選択し、そのための学習・研修を行うことは、本物の仕事として、その後の人生において、長続きするものでなければならないのであり、「充電してから放電すべきである」と説いています。

「充電」とは就業者としての仕事の処理能力を高める学習であり、充電して始めてその業に就くことを認められることを意味し、「放電」とは、充電した仕事の処理能力を発揮して、需要者の望む仕事を処理しその満足を得るとともに、付加価値を実現して社会貢献することを指しています。

いかに好きといえども、それだけでは自営は無理であり、他企業との競争条件において優位を占め、収益を上げて顧客満足を継続して受けられる経営力を発揮することにより、始めて安定経営が持続し社会貢献できるのです。

自営して自己実現の歓びを体感する

日本には仕事が苦痛であれば脱出して自らが最も喜びを感じる仕事を選択し、転職したりあるいは創業したりできる経済的な環境が開かれているのであり、このチャンスをものにするよう勧めています。

転職や創業をやり遂げた充足感で、苦痛や疲労も癒やされる幸運を手にし人生を楽しくし社会を楽しくできるチャンスが訪れたことに自信を持ち、全力を傾注してその持続に努めている幸運な人財も沢山出ています。

アメリカの未来学者、ジョン・ネスビッツは、従業員が「社会的接触を通じて、社会への帰属意識を充足させ、仕事での成功を通じて、自尊心を満足させる手助けまで、企業に求めている」と企業依存者を皮肉っています。

企業に就職し依存する生き方より、自らアントレプレナーシップ（企業家精神）を発揮すべきであると力説しているのです。

既存の企業に雇われ、それに依存する姿勢を革新し、小規模企業の創業にチャレンジして、自らの努力で、自己実現を図るよう求めているのです。

「経済大国から、文化大国へ、さらに幸福大国へ」と政府が打ち出すスローガンは、選挙目的のポピュリズム（迎合主義）という批判もありますが、政府から与えられるのではなく、国民自らが努力し創業して自力で獲得すべきもと鋭く指摘しているのであり、「国のために、何ができるか」を問ったケネディの名言を、活かしたものと推測されます。

その担い手として産業界の安定持続のために必須の条件である「経営革新（イノベーション）に生き甲斐を見出し、自助努力して究極の自己実現を図る企業者であることに、誇りと自信を持つ創生人財の出現に期待しています。

したがって求職側の職業観を革新する発想として、最も根源的な方法は「雇用」されることを前提とする関係を一歩前に進めて、好きな仕事を選び自ら創業して、好きな時に働く自由を持つ「身軽な事業主」となる途を選択することであると考えるよう勧めることとしています。

ここに「身軽な事業主」としているのは、創業に当たり資金調達、人材採用、法的手続き等を自前で行うことを当然とし、むしろ雇用されるより自分の知恵と努力を発揮することを歓びとする、「精神的負担のない身軽さ」を意味するものと理解するよう求めた表現です。

一人で税務署に事業開始届を出し、あるいは気心の知れた仲間と企業組合を作り、好きな仕事に就いて起業を図ることを想定しているのです。

創業の実態に関し、平成23年度の「経済財政白書」は、我が国とアメリカとを比較していますので、その内容を紹介し、コメントすることとします。

①先進国の自営業率は低下傾向にあり、我が国は１９９０年23％より、２００９年13％へと約10％低下しているのに対し、アメリカは９％から８％へと低下しているものの低下率は僅かでほぼ横ばいを示していると指摘しています。

アメリカが多数の移民を受入れその新規開業により自営率を維持していることはうなずけますが、日本の急激な低下は高度成長期の「会社民族」の特性から脱することなく、「サラリーマンは気楽な稼業」としたスーダラ節の延長線上に止まっているからであり、意を決し自分の生き方を変える人生設計の経営革新を敢行するよう求めなければなりません。

なお、自営業率に関して統計データが企業数のみを基準としているとすれば比較の有効性に疑問符を打たなければならないところがあります。

自営業の企業規模別を基準として就業者数を比較することにより、雇用量の増減に与える影響を把握することも必要と考えられるからです。

②起業活動率（ＴＥＡ、トータル・アントレプレナーシップ・アクティビティ）は、起業関連人口の生産年齢人口に対する比率を示す指標ですが、アメリカが８％であるのに対し日本は２％と極めて低く、起業活動意欲が著しく低いことを示しています。

これは日本の過去の終身雇用の影響が強く働いていて、自営意欲を育む就業環境でなかったことに起因するものと考えられますが、今後はすき間市場（ニッチマーケット）の成長により、日本も上昇に転じるものと期待されます。

③一人当たり雇用者報酬に対する自営業者の混合所得（合計所得）はアメリカでは3倍を示していますが、我が国は0・5倍に過ぎず、これも極めて低過ぎると指摘されています。

これは、このまま理解すれば、日本では自営業者の所得は、サラリーマンの半分に低下することを示していることになります。

ただし、これには給与を全額所得とされるサラリーマンと、必要経費を所得から控除できる事業者との差がある面にも配慮すべきであり、単純な金額比較だけで判断するのは無理があるものと考えられます。

このように「経済財政白書」は、日本がいかにして、自営業率を高めるかが、今後の大きな課題であることを指摘し、さらなる自営業率の向上が、日本経済成長の嵩上げに寄与することを期待する意図があるものと考えられます。

自営して自己実現を体感し、企業の新陳代謝に寄与することが、期待されているのであり、「まち・ひと・しごと創成法」の基本理念である「地域の特性を活かした創業の促進、魅力ある就業機会の創出」を図る環境整備が重要な政策課題であることを位置付けているのです。

トヨタ学園に学ぶ

自企業内で就業教育を行っている事例として、トップに挙げなければならないのがトヨタ学園であり、１９３８年設立の長い歴史を持ち、その後、国の制度と併用して職業能力開発促進法により採用した工業高校新卒者を、トヨタ自動車訓練生として高等部への入学と同時に、通信制の科学技術学園高等学校にも入学させ学習させる制度として運営されています。

同校は将来のトヨタ社員のバックボーンとなる厳しい規律訓練を課し、体力作りには、ラグビー、サッカー、陸上長距離等の体育系クラブへ全員入部することが求められています。

卒業してトヨタ社員となり成績優秀者は奨学金で、豊田工業大学に進学できる道が用意されています。

さらに注目すべきは、先の東日本大震災被災地への雇用増加対策として東北地域にトヨタ東日本学園長期コースを開設したことです。

震災で強烈な打撃を受けている東北地区に設けるという構想は、まず社会貢献を果たし、次に自社製造の自動車のマーケット開発強化を図るトヨタ流の経営戦略を反映した完璧な人財育成政策として高い評価を受けています。

これこそ世界を相手にすることにより得た「教育こそ企業のバックボーン（背骨）」という信念が活かされた、品格ある企業行動と称賛され正に企業内学校の基本モデルとして、全てに配慮した先進的システムと評価することのできるものです。

その目的は第一に「モノづくりはヒトづくり」の基本理念に基づく「生産現場の核となる人財の育成」です。

第二に地域モノづくり企業に公開し、自社のトヨタ自動車訓練生（工業高校卒者）15名に対し社外の関係企業から5名を募集し、出向者として受け入れ、1年間全寮制で学習に当たらせ、グループ協力企業としての人間関係を築くことをめざす長期方針が明確に組み込まれていることです。

ここにもトヨタ流の人財創りが巧みに取り入れられていて、1年間の教育訓練期間中に、将来の中堅となるトヨタ社員とそのサプライヤー企業からの出向者の間に寝食を共にする人間関係が築かれ、公私ともに強力な信頼関係が生まれることで、その後のトヨタ製品の生産に寄与し、製品の市場確保にも特別の配慮がもたらされる強い絆が作られるようになっているのです。

第三に国の「認定職業訓練法」に基づいて設立され、国が進める産業人育成政策を活用してグローバル展開を図る国際企業としての、ハーモナイズ（調和）を図ることのできる人財育成をめざしていることです。

公開されている教育プログラムによれば年間訓練時間1748時間を3区分し、次のように構成されていますが、人財育成に係る教科を網羅し、完璧な人財像を期待していることが強く認められます。

第一に「体力・精神力・チームワークの向上と社会人・企業人としての人格形成」に532時間、30％を当て、その内容は次のように構成されていて完璧な人格を具えた人財となることを期待しているものとなっています。

①規律・導入研修、合宿研修、朝礼、昼礼、終礼

②体力・精神力；クラブ活動、ランニング、駅伝競走、マラソン大会、全トヨタ訓練生大会

③企業人・社会人；各種見学研修、社会倫理、ボランティア、地域モノづくり、海外体験、卒業前研修、地域活動

第二に「生産技術に必要な電気・メカの専門知識と品質管理・改善知識の習得」に２５２時間、14％を当てていますが、知識学習は基本的な最小限に止め、集合研修による記憶力については、もともと学生が資質の高い採用者を以て構成されていることから、あまり重視していないことを示しています。

①機械系：；機械工作、製図、機械工学

②電気系：；制御工学、電気工学

③モノ作り系他：；自動車生産技術、ＴＰＳ（トヨタ生産システム）改善、ＱＣ手法、パソコン

第三に「モノづくりの基本から生産設備の仕組み、制御等の技能修得」として年間訓練時間１７８４時間のうち１０００時間、56％を割いて、現場研修を最も重視していることが明らかであり、現場の技能に関し、機械系、電気系、設備、ものづくりの区分ごとに、

実習名、実習目標を次のように詳細に設定しています。

①機械系

仕上げ：手仕上げ工具が正しく使え、モノづくりができる。

溶接1：アーク溶接の基本を理解し、溶接でモノづくりができる。

溶接2：Co2半自動溶接の基本を理解し、溶接でモノづくりができる。

機械構造1：機械要素部品の名称・機能を理解し、正しい取扱いができる。

機械構造2：機械設備の機構を理解し、設備の保守や調整ができる。

空気圧・油圧：エアー機器、油圧機器の働きを理解し、回路が読める。

②電気系

電気基礎：電気の危険性を理解し、電気工具を正しく使用できる。

シーケンス1（有接点）

：有接点機器を理解し、基礎的な回路が読め、組むことができる。

シーケンス2（PLC基礎）

：PLC回路《機械の制御装置》の基本を理解し、プログラミングができる。

シーケンス3（動作回路）

　；生産現場での制御方法や回路構成を知り、制御回路が組める。

シーケンス４（実践）；設備診断やトラブルシューティングができる。
③設備
モータ制御；モータの動作原理、制御方法を理解し、計測や保守ができる。

ロボット操作；ロボットの基本を理解しプログラムとティーチングができる。

現場実習；配属現場での業務を体験し、実践力を養う。
④ものづくり
自動車構造；自動車製造会社の職員として、自動車構造を理解する。

自動車生産工程；自動車生産用語を理解し、ショップごとの工程を学ぶ。

ものづくり；仕上げ技能と溶接技能を使ってのモノづくり課題訓練。

技能照査；１年間の成果確認（認定職業訓練に基づく総合技能評価）。

卒業課題；電気・メカの総合課題製作。

　このように既設の社内学校は、ほとんどが大企業の傘下にありますが、今後は中小企業でも、国の制度に期待するのみでなく、自前の人財先行投資として、社内学校を設立し、自社流の専門要員育成に積極的に取り組み、オンリーワンの会社を創る母体とし、海外展開を円滑に進める現場力育成教育システムをめざすよう勧めなければなりません。

ｅ－ラーニングを活かす

インターネットは１９５０年代に、イギリスの国立物理学研究所が、学術研究用のプロトコル（通信規約）を開発し、世界規模のネットワーク接続が可能となったことに端を発し、わずか40年程度で、全世界の情報通信量のほとんどを占め、学習用のｅ－ラーニングも双方向性を活かし、急速に普及しています。

その学習機会の確保は専門知識に関する学習教材により、学習可能な場所と時間を選ぶことができる点において、自発的学習に最適であり事例問題や模範解答が用意されていて、理解できた課題と苦手の課題を自らの手許で整理し学習記録として残し、不得意な課題を反復学習することも可能です。

学習教材は、メディア（媒体）を活用して、実務的に構成され、三次元処理された動画により、立体的位置関係、動作手順等が理解しやすく、平面図や文章記述を補い、機械・設備についても、オペレーション、メンテナンスの専門技術習得に便利なように作成された教材もあります。

また、どうしても理解しがたい課題については、教材作成者への質問機会が設けられていて、直接チャット（端末おしゃべり）で対話的に回答が得られるなど、特長を活かしたシステムが丁寧に採用されている例が多いようです。

さらに学習の進捗度や他の受講者との比較情報も、提供して相談に応じる「メンター」（指導者）を設けているところもあり、学習に取り組みやすいように、設計されているコースを選択することができます。

さらにコンテンツ（教科内容）の乱発を防ぐため、統一した企画を設けようとする試みがあるようですが、時間の経過とともに、画一的標準システムが陳腐化して、最新のシステムの進化についていけないケースもあり、結局、受講者の学習効果に対する評価により選択されるのが実態のようです。

なお高等教育を行う学校におけるｅ－ラーニングについては、教室外での受講は、文部科学省の学校設置基準により、毎回、問題解答、質疑応答、意見交換の機会確保等が要件として規定されていて、社会人が卒業資格を得るための方法としては満たすのが難しいとの指摘もあります。

国際的に知られているネット学校として、サルマン・カーンが学校教師と生徒の交流を採り入れて動画配信しているカーンアカデミーがあり、５３００科目を擁し、全世界で１億２０００万人の生徒が学んでいるとされ、授業は無料でマイクロソフト創業者ビルゲイツの１０００万ドル寄付で支えているとされます。

また、スイスに１９６８年創立された財団法人の「国際バカロレア」のプログラムは、従来インターナショナルスクールに認められてきた制度を、高校の学習単位に加算できる特例措置を認めることとしていると発表されています。

さらにアメリカで１０００万人以上の受講者を擁するとされるムークと云うネット講義が、２０１４年日本でも大手大学が参加して始まっています。

ムークと云うのは、「マッシブ・オープン・オンライン・コース（大規模公開オンラインコース）の略称で、無料コースであり、日本では大学の単位となりませんが、漫然と講義を聞くだけで大学教授の人格を無視しているとの批判もあり、創生人財の学習に適しているかは今後の課題と考えられます。

第２編第３章「地域を活かす創生人財に提言する」要点イラスト

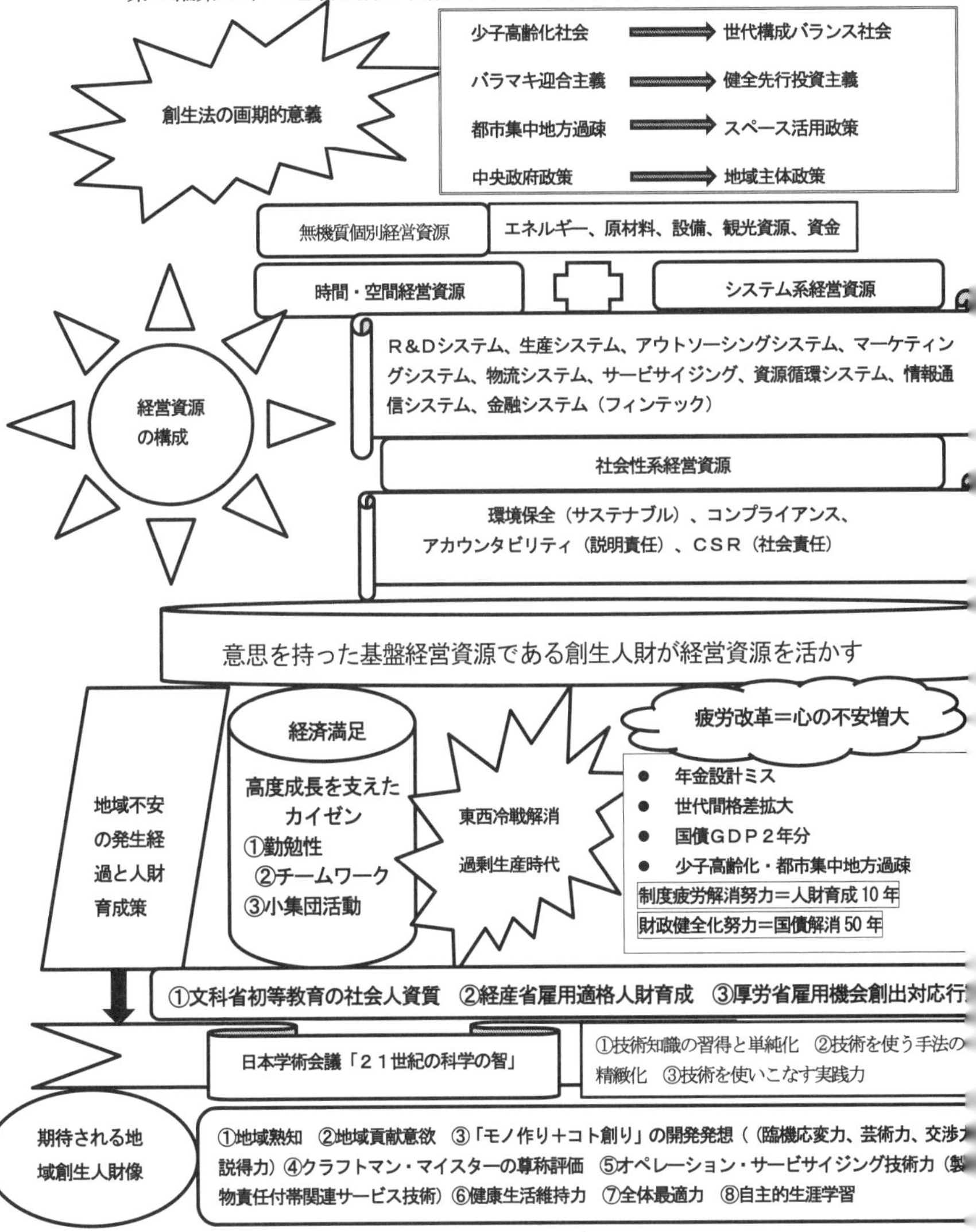

第3編　しごと創り

日本経済の本格的改革をめざす画期的政策である「創生法」は、国民に理解され難い法令用語ずくめの法律名を、分かりやすいひらがなに置換して、国民の目線で政策を創ることを、鮮明にした政府のやる気を自信満々で示したものであり、しごとを増やして安心感を実現しようと呼びかけています。

「しごと」が増えて国民に安心感をもたらすことが期待される有望産業分野として、「すき間市場（ニッチマーケット）」を取り上げ、その分野で多様な「しごと」を生み出す「製造物責任関連市場」（サービサイジングマーケット）の担い手となることが期待される小規模企業（マイクロファーム）の活力により地方経済を強くする創生法のフル活用を提言することとします。

先進国からジャパンバッシング（日本叩き）、ジャパンパッシング（日本通過）と囁かれていながら、バラマキ政策を繰り返し、痛みを先送りしてきた制度疲労を、根本的に是正するために「しごと創り」を政策に取り込み、今度こそ不退転の決意で、「制度活用」に取り組むことを、政府が宣言したのであり、国民がこれを評価し実現に取り組むことが期待されているのです。

第1章　しごと創り政策の意義を評価する

日本の経済の目覚ましい成長の陰で、潜在していた問題点がバブルの崩壊で一挙に表面化し、20年以上に及ぶ経済低迷に陥ったのは、客観的に判断すれば戦争の苦しさから解放され、平和慣れして幸運な高度成長を味わい、また再び過去の高度成長が復活することを期待して、浮かれた安易な生活姿勢を取り続けて、将来を展望して抜本的な革新を実行しなかった国民の怠慢に起因するものと反省しなければなりません。

食糧防衛という旗印のもとで米価を吊り上げ農民票に依存し、設計ミスの年金で世代間負担転嫁を放置し、インフラ整備の名のもと国土のコンクリート化を図るなどの、先を読まないバラマキの結果、宴の後に残されたのが、ＧＤＰ（国民総生産）の2年分に及ぶ国債残高であり、先進国のワーストモデルとなり、国民の不安が一挙に吹き出して財布の紐を締め、消費の停滞を招いたのです。

幸いなことに国民の大多数がそれに気づき、政権党を交代させ、将来不安からの脱出を図るために、痛みを伴う厳しいイノベーション（革新）に取り組むことが必要であることを認め、それを受けて政府が地域の成長を図る政策を展開するための「ひと・もの・しごと創成法」を始めとする改革政策を打ち出し、長い間の制度疲労からようやく脱却して制度改革への見通しが立つこととなりました。

これにより構造的変化を遂げている日本経済を、革新するための基礎固めとなる、「まち創り」と「人創り」が進められ、その成果として「しごと創り」を実現して着実な経済成長を確保する政策が採用されることとなったのです。

都市集中により、サービス産業への傾斜的配置をもたらす就業構造から、地方への移住を促し、地域経済の振興により第一次産業、第二次産業とのバランスの取れた生活環境を成立させ、地域格差を解消して安定した国民生活の基盤を構築することをめざすことができる政策へと転換したのです。

同時にモノ作りに課せられる製造物責任を果たすため、製造物責任付帯関連サービス（サービサイジング分野）の就業者を増やし、無廃棄（ゼロエミッション）の資源循環型社会を実現して、省資源により地球環境の汚染を食い止め、国民が健康な生活を営める地球を持続することに貢献する基礎が築かれることとなりました。

国民にとって「しごとがないこと」が最大の問題点であることをミゼリー指数で説明し、モノづくり一辺倒にコトづくり発想を注入して、世界とハーモナイズ〈調和〉を図り、今後ロボットや人工知能（ＡＩ）で仕事がなくなるという指摘に対し、創生法を活かしてしごと創りを図る条件を提言することとします。

その条件とは仕事と生活のバランスを図り、仕事を選ぶ知恵を身に就けるとともに、仕事場を交友の場として、仕事と国民生活が一体となり経済的自立を図り、精神的安定を持続できるような地域の経済環境を創り出すことといえます。

しごと創りが日本を強くする

高度成長によりモノ作り部門へ重点的に資本と労働力を投入し、消費量を超える大幅な供給過剰を起こした上に、安い中国製品の流入によるデフレ、少子高齢化による年金不安というような従来と異なる経済異変が続発して、国民の「ココロの不安」を誘発したのであり、その解決をめざし地域の雇用を創出して、将来の経済に対し自信を回復することが重要な政策課題となったのです。

この間、「モノ作りのプロダクト・アウトの発想」に、「マーケット・インのコト創り発想」を加えるべきであるという見解も出ましたが、この新たな経済観により将来不安が解消すると考えられるほど、単純ではありませんでした。

世界を相手に競争している大手企業に巨大な欠損が明らかとなり、その解決のためにリストラという名の早期退職制度、勧奨退職制度の乱用が報じられましたが、その対象者は割増退職金を活用したとしても、いずれ再就職の場を見出すか、あるいは自ら起業するかを選択し、就業者となることが求められる人たちであり、問題解決というより、むしろ先延ばしして悪化を招く原因と懸念されました。

日本が安心・安全・安定国家として強い国になるためには、国民が就業者となり付加価値を創出し、それを活用して国家運営の歳出を負担し、健全な国家の存続を図らなければならないのであり、そのためには「しごとのできる元気な国民」は、できれば全てが就業者となることが期待されているものと考えるべきです。

公正に判断すれば、需要が減少した産業分野に、補助金や給付金制度を注入し、その産業分野から、退出すべき企業を温存し放置したことが、返済の当てのない借入金を抱える植物企業やゾンビ企業を増加させ、「金融円滑化法」を「債務免除法」と期待するような経営の怠慢を許したのであり、そうした事態を招く前にそれを是正する政策が取られるべきだったのです。

現代社会は自由競争により経済活動の活性化を図り、規模のメリットを追求してグローバルな巨大企業を出現させ、その結果、資源開発による自然環境破壊、有害エネルギー・有害物質による生命の危機、金融投機筋の暗躍するマネーゲーム、収益至上主義による国際利権の贈収賄等で社会を混乱させ、社会的責任（ＣＳＲ）を果たさない企業を出現させています。

極論すれば規模のメリットを機械化により推進する現代経営が、それにより人間の労働の場を収奪し、本来、実現しなければならない人間の安心・安全・安定感を阻害し、将来不安を招く原因を作り出しているものともいえます。

労働集約産業を人不要の装置産業に切り替えることにより、失業者を生み出し、技術症（テクノストレス）・心身症（メンタルヘルス不全）等に陥らせ、心療内科患者を増加させて経済合理性を手にしながら国民のココロが傷つき、ますます将来不安を感じるという逆の結果を生み出しているのです。

今後の日本経済に望まれるのは、このような無責任な競争原理を是正し、「仕事のない国民の増加」に歯止めをかけ、「仕事創りを図る政策」を取るべきであり、それが「まち・ひと・しごと創生法」の最後に「しごと創生」を謳うこととなったのであり、政府が本物の強い日本作りをめざすことを明確に宣言したことに拍手を送り、敬意を表して実行を支援しなければなりません。

アメリカのアーサー・オークンは失業率にインフレ率を加え悲惨指数（ミザリー指数）を作り、10ポイントを超えれば政府の経済政策のミスと指摘しましたが、日本は冷戦下で国連軍の軍需供給基地として後方支援の役割を担うことにより外貨を稼ぎ、それを元に幸運な高度成長を遂げることができて、飢えや寒さに命を落とす国民の悲劇を回避することができました。

さらに先進国で最も早く少子高齢化社会入りし、その解決を図る政策を一番先に実行しなければならない国となったのであり、ある意味では世界に学び・支援されてきた日本が、その恩返しに「しごと創り」に成功し、他の先進国のために実証実験の役割を果たすことが求められているものともいえます。

国民に失業の悲惨さを経験させせない社会を創るためには、創生法が就業機会を地方に確保する政策として有効に機能することが期待され、着実に成果が上がるよう国民の協力が不可欠であることを訴えなければなりません。

コト創り発想でしごとを創る

創生法が取り組むべき課題として、従来の日本の強みであった「モノ作り」に加え、「コト創り発想」を合わせて、しごと創りに対応すべきであるという考え方が取り上げられていることを紹介します。

「コト創り」は２００４年に設立された「日本モノ作り研究学会」において明らかにされた新しい用語であり、この考え方のベースには、世界の奇跡ともいわれた日本の高度成長が、世界経済の進化に伴い、克服しなければならない課題として取り上げられたことが発端となったとされています。

この集約版ともいうべき研究として参考になるのが、政府の日本経済再生本部におかれた、民間有識者による「産業競争力懇談会」が「コトづくりからモノづくりへ」というタイトルでまとめた「２０１２年度プロジェクト報告」です。

この報告によれば、イギリスの哲学者アルフレッド・ホワイトヘッドの指摘を引用して、「国際競争力とは物質（サブスタンス）ではなく、コト（イベント）を中心に考えるべき」であるという発想を紹介しています。

これは「モノつくり」を中心におく競争が、製造側の「プロダクト・アウト」発想をベースとして、開発者や製造者の思い込みが強く反映され、新製品や新サービスの開発が成功せず、市場が伸びない原因となっているという発想と、モノづくりにより生物の生命が冒される可能性に、対応すべきであるとする、エコロジー（生態学）発想との二面からの反省が含まれているものといえます。

これに対し「コト」は顧客側の「マーケット・イン」の発想に立脚して、需要者の意向が反映され、顧客満足度（CS）を高めることにより、強い競争力を確保することが可能となるという発想を根底に置いている見解であり、モノを中心におく発想を超えて進化した発想と理解されています。

「こんなよい製品がなぜ売れない」という生産者の思い入れに対し、「こんな製品があったらよい」とする消費者の思いとの間に生じたギャップ（差異）を解消することが重要であると指摘しているのです。

この発想は、従来から「シーズ（種）論とニーズ（必要）論」の対比といわれていたことであり、「作られたモノがなければ経済活動は始まらない」とする見解と、「必要性がないモノを作る経済活動のムダ」という見解の相違であり、特に目新しいことではありません。

問題とされているのは、かつて「ジャパン・アズ・ナンバーワン」（日本一番）と、世界から評価された日本製品が、国際競争力を失っている実態を直視し、その是正を図るために日本産業に対する警告として寄せられた見解としての意味合いを持つ発想と理解すべきであると考えられます。

海外市場において、先進国への輸出商品のコモデティ（日用品）化が進み、量的拡大が期待されない一方で、成長が期待される新興国市場におけるジュガード（限定条件下の経営革新）あるいはフルーガル（倹約経営革新）に対応するためには、従来の発想を革新しなければ、国際進出は失敗に終わるという厳しい警告を発しているのです。

「ジュガード」はヒンズー語で革新を意味する用語とされますが、それは先進国の革新とは全く異なり、経営資源がないところで、必要に迫られて低コストで行われる身近な気付きを活かした方法であり、研究開発よりも瞬発する需要に、素早く対応する手法として求められています。

よく例に出されるのが、インドで売れている、陶器製の水の気化熱を利用した電気を使わない冷蔵庫で、10度Cでも熱帯では冷却効果が認められ、需要が伸びて好調な売り上げを続けているとされ、電気のないところで日用品を作るイノベーション（革新）のあり方を示す典型的な例となりました。

このような事例としてフィリピン南部の電気のない島に、電極に塩水をいれたランプが、夜の照明として児童の学習時間を増加させ、家族団らんの時間を確保していると報道されています。

「フルーガル」は新興国において、製造原価の低コスト化を図る「倹約型経営革新」を意味する用語であり、インドのタタ自動車にはバックミラーは1個のみで助手席にはなく、ホイールを止めるナットは3本として、材料費を節減して低コスト化の限界を尽くしているといわれています。

この結果、「産業競争力懇談会」は新興国に進出するより、まず日本国内を固めることが重要と指摘し、極限のコスト合理化よりマーケットへの対応方法を「コト作り発想」で対応するよう示唆し、国内生産力を強化して国内市場を確保するとともに、海外ではモノ競争のみでなくプロセスとモノサービスに焦点を当てたコト作り発想をベースとして展開するよう指摘しているのです。

これは新興国市場に進出し、しごと創りを図る地域企業にとっては参考となるところです。

また産業競争力懇談会は、コト創りの顧客価値創造に関連する機能として、「アジャストメント」、「コミットメント」、「テリトリ」の３機能を挙げて、「アジャストメント拡大」としてコンサルティング・カスタマイズ・ダウンタイムリスク削減、「コミットメント拡大」として経済的リスク請負・社会的リスク請負・運用効率化、「テリトリ拡大」としてシームレス統合・コンテンツ集積を図るべきであると詳細にまとめて報告しています。

国内企業が一般的に用いているしごと創りに有効な「コト創り」ツールとして、主に用いられているのはイベント（催事）、アワード（購買者向け懸賞）、アフターサービス（購買後サービス）等と考えられるのであり、これらを参考に「コトづくり」を多面的にとらえて次の三つの「しごと創り」を図ることが期待されているものと指摘することとしました。

第一は、「顧客に知ってもらう目的のコト創り」です。

商品やサービスの効用を知ってもらうように求める「認知条件の確立」であり、その典型例が、既に述べた、イギリスの哲学者アルフレッド・ホワイトヘッドが指摘したイベント（催事）の活用でした。

大規模な世界的メッセ（見本市）から、小規模な「内覧会」「試用会」等まで、あらゆる機会を設け、購買候補顧客に知ってもらうことが目的であり、創生法に基づくアイデア創出とその実用化の試みが期待されます。

第二は、「買ってもらうことを目的とするコト創り」です。

商品やサービスを購買されるように求める「販売条件の確立」であり、一般的にはセールス・プロモーションとして、多様なビジネス・モデル（取引業態）が採用されて、今後も革新的な手法が開発されるものと考えられます。

第三は、「購買顧客に安心して使ってもらうコト創り」です。

これは企業の「社会性発揮の条件」ともいうべきところであり、コンプライアンス（遵法）、製造物責任及びアカウンタビリティ（説明責任）を果たして顧客満足（ＣＳ）を得られるコト創りということができます。

人工知能もロボットも人のしごとを奪えない

悲惨指数（ミザリー指数）による失業の恐怖と同様に、技術の進化がもたらすロボットや人工知能（ＡＩ）によって人間の仕事が奪われるという懸念がまことしやかに指摘され、心情的危機感を煽ってココロの不安を助長し、絶望感を生み出すところまでエスカレート（拡大）する状況となりつつあります。

チェコ語で強制労働を意味する「ロボット」がカレル・チャベックの書いた戯曲の中に初めて登場したのが１９２０年とされ、人間の外見を持ち、人間に代わって、役者として強制的に演技労働をさせるために、登場させた疑似的人間ともいうべき配役を、ロボットと呼んだといわれています。

その後１９３６年には人間生活に便利さを提供するツールとして作られた機械装置に、人間が使われる立場に逆転することとなると風刺する、チャップリンの映画「モダンタイムス」によって機械化を批判する発想が生まれ、当時の最大のマスコミである映画を通じて世界に不安感を広めました。

この発想は機械と人間との対立論へと発展し、「人間が主体か、機械が主体か」から、「人間労働の肉体労働論と精神労働論」等の議論へと拡大し、今後はロボットや人工知能（AI）に対する評価の是非を巡り異なる見解の衝突が続くものと想定できます。

日本では、1998年に工業規格JISに「ロボットとは、人に代わって作業を行う装置」と定義されました。

最近では工業機械から家庭生活用具まで幅広い用途が見込まれ、ロボットは人間が作業のできない劣悪な極限環境の作業を代替する重要な役割を果たすとともに、単純労働の飽きから労働者を開放し、人間の労働負荷を軽減する機器として、社会になくてはならない存在であると評価され、その進化が期待されることとなっています。

機械に仕事をさせ、時間のゆとりと資金を手にした人類が、到達した桃源郷を想定し、仕事をロボットに任せることは高度の安心・安全・安定を確保できる人間の知恵の究極の到達点と礼賛する向きも出ています。

さらにセンサー（感知器）とICT（情報通信技術）とが融合して、「メカトロニクス」（機械・電子技術）により自動化生産システムが続々と構築され、その効果として市場の需要量を集めたビッグデータ（大量情報）を分析し、それに対応する生産システムによって過剰生産を避け、ゼロエミッション〈無廃棄〉を実現し、資源循環型経済への移行を促すと高く評価する見解も出ています。

そんな期待の半面１９９５年には、アメリカタウン大学のジェレミイ・リフキンが「人類の満足を充足させなければならない技術革新が、急速な進化を遂げた結果、人の仕事をなくする結果をもたらした」と述べて、暗に人間の技術進化に対する評価意識のもたらす問題点を指摘しています。

その後「第三次産業革命」を著し、ＧＤＰ（国内総生産）は熱力学的立場から診れば、「エントロピー（不確実度）」をもたらす「国内総コスト」であると断じ、ＧＤＰは地球の貧困化をもたらすとも指摘しています。

理論構築の明確なＡＩ（人工知能）を用いる立場から見て、統計的にあいまいな部分を抱えているＧＤＰへの不信を現しているとものと理解できます。

それでも人工知能（ＡＩ、アーティフィシャル・インテリジェンス）に関しては、人間の行動を代替できる知能を持つ機械を製作し、或は機械に人間の知能と同様の作業を行わせようとする方向を目指す考え方であると述べて、人間の知能の優位性を前提とする考え方に立って、その活用を図ることを勧めているものと理解できます。

このような考え方と関連して、イギリスのオックスフォード大学のマイケル・アレキサンダー・オズボーン准教授とカール・ベネディクト・フライは、「雇用の未来」を著述し、AI（人工知能）の活用により「人間の仕事で無くなる」可能性のある702職種の確率を試算し、人間作業から機械への代替は歓迎すべきことであると指摘しています。

彼等はコンピューターやロボットの活用の障害となる職種条件を挙げて、詳細に人間労働に代替される確率を算出し、それにより「消える職業」「なくなる職務」を識別しています。

最も失業しやすい職業として会計事務員、商品販売員、土木・測量技術者、コンピューターのオペレーター、会社役員、団体役員・管理職、自動車運転手、保険外交員、料理人等であると具体的に列挙しています。

これらの仕事は、コンピューター、インターネット、OCR（光学的文字認識装置）、GPS（グローバル・ポジショニング・システム、全地球測位システム）等に代替される可能性が高いと推論しています。

グルメ〈食通〉から診ると料理人もなくなるという指摘には、首を傾げたくなるところですが、食品工場のレトルト食品・冷凍食品等の加工食品は、殆ど数値制御機能付き機械作業により大量生産され、安全で低コストの加工食品を提供しているのであり、スーパーを利用して購買する一般的市民の食事を対象とすれば、当然の結論ということになります。

これに対してコンピューター化が進んでも、増え続ける職種のトップに挙げられているのが介護職員、一般事務員、ホームヘルパー等であり、気付き、気配り、献身奉仕の心構えなどの人間的配慮に加え、体力・知力を要し長時間拘束され、変化への即時対応を求められる労働環境から見て、機械化が困難な職種だからと指摘しています。

高度情報技術者であるＳＥ（システム・エンジニア）は、多様な職務に迅速に対応する経験が必要とされ、また手先の器用さと顧客との相性が評価される対人サービス職種の美容師等も、生き残り可能な職種と指摘しています。

彼らはコンピューターが処理できない職種と、処理できる職種とを区分し、今後失業しないためには、その見極めが大切であり、その決め手となるのは、職務に要する創造力、臨機応変性、社会貢献意識の３要件と指摘しています。

人間の頭脳が創造するアイデアも環境変化への対応も、全て過去の膨大なビッグデータ（大量情報）として採録し検索し抽出して、コンピューターが状況の変化に柔軟に対応することが可能という考え方に立っているのであり、いかに大量情報を収集しても、それは人間の発想に基づく情報整理に止まりＡＩ（人工知能）が人の知能を上回ることはあり得ないとしています。

人と機械のチームワークがしごとを創る

人と機械との関係を、20世紀型のオールドテクノロジー対応発想から21世紀型の新しい発想に改革すべきであるとする、アメリカのＭＩＴ（マサチューセッツ工科大学）スローン・マネジメント・スクールのブリニョルフソンとマカフィーの著作「機械との競争」を取り上げて検討してみます。

ここでは「機械」とは、ロボット、ＡＩ（人工知能）を含む全てのハード及びソフトで構成されるアプリケーションを指しているものと理解します。

彼らは、「新しい機械の時代」の成長を牽引する原動力として、「デジタル」、「関連指数比較」、「組み合わせ」の３要因を挙げていますが、その指摘を整理すると次のようにまとめることができます。

従来のアナログ（連続的表示）による供給システムが、高コストを必要とするのに対して、21世紀のデジタル（離散的表示）型供給はコストがほぼゼロに近く、同一の高品質を再現でき低コスト供給可能なシステムであり、オールドシステムとは根本的に異なる画期的な進化を遂げた発想に基づいた経済活動であると指摘しています。

関連指数比較というのは関連する経営環境の激変が、全て何らかの形で関連性を以って機能しているのであり、関連する全てのステークホルダー（利害関係者）が理解して、迅速対応（ＱＲ）が可能となるように機能するシステムとして捉えるべきであると指摘しています。

これによって利便性が高まる反面、商品やサービスのライフサイクル（寿命）が短縮化し、多量の廃棄物により資源循環システムの円滑な運営が阻害される負の効果も、併存させる可能性を想定しなければならないのであり、全てが完全なシステムとして機能するには無理があるものと指摘しているのです。

「組み合わせ」を挙げていることは、20世紀型の「機械と人間との競争」ではなく、21世紀型の発想として「機械と人とがチームを組む協創」関係を成立させるものとしてとらえ、敢えて「人とコンピューターのチームワーク」と表現しています。

人と機械のチームワークとは、科学性を欠く発想かもしれませんが、その必要性を指摘した意味は、人間だけで頑張るより機械を活用してきた従来の知恵も重要だと示唆しているものといえます。

しかも決定的なことはビックデータの構成要素はすべて人間の過去の行動を収集し、それを分析した結果構築されるものであり、人間の思考をベースとして創出され、人を超えないという前提に立った理論と想定できます。

さらに人が失業し賃金が増加しないのは、根本的な経済体制再編成の時代に入っているからであり、「時代の変化に伴う成長病」であると指摘し、働き手も自己革新によりデジタル技術との融合を図り、新たな合理的雇用条件を確保するよう努力することが求められるものとしています。

言い方を変えれば、現代は過去にない経営環境へと変革し、それに対応し全体最適を図るためには高度の創造力・実現力を持つ人財が必要となるのであり、ＡＩ（人工知能）やロボットを創る人財に対し、もっと高い成果配分を行うべきであると指摘し、自らもその立場に置かれていることを自負しているものとも受け取れる見解を述べています。

既にチェス・オセロ・将棋・囲碁等に関してＡＩ（人工知能）が人間に勝つと誇示されていますが、マスコミ向けのデモンストレーション〈開示〉を面白くさせる演出の一端に過ぎないと諮るべきであり、「これが人類の知恵の限界」と失望するような言動で、針小棒大なバカ受けをねらった自称未来学者や突出タレント願望者を妄信して、絶望発想に陥らないよう警告しなければなりません。

あくまで人間の攻め方の勝ちパターンを多数作成し、その大量情報（ビッグデータ）を生物の脳神経細胞が作る回路と同様に迅速に処理するために、安価なコンピューター１０００台以上を用いて並列処理させた結果、短時間でパターン認識・推論・連想等の人間の思考方法を代替させることにより、もたらされたものといわれています。

したがってＡＩは人間の思考の範囲内に止まっているのであり、人間優位は永遠に続くものであり、人類の思考の進化がもたらした結果と判断すべきであり、機械への敗北という発想に陥るべきではないと指摘しなければなりません。

人工知能をしごとに活かす

人工頭脳（ＡＩ）を搭載した機器が増加し、人の仕事が減少すると指摘した数学者のバァーナー・ビィンジと未来学者レイ・カーツワイルは、技術進化の結果、将来において到達する知識モデルを、「技術的特異点」（シンギュラリティ）という言葉で表現しましたが、その意味は「常識を超えて、飛び抜けたエクセレント〈卓越した〉な能力を持つＡＩ（人工頭脳）」を想定した発想です。

彼らは「ムーアの法則」をベースとしてコンピューターの演算速度が30年間に10億倍に増加するとすれば、ＡＩが人間の知的能力を超える日がくると予測し、その到達する日を「シンギュラリティ」（間違いなく訪れる日）と名付け、２０４５年がその年であると予想し、それ以降の気象予報は１００％的中することとなると指摘しました。

この発想は、人間の能力を超えたコンピューターによる、人間社会の支配を想定していますが、その稼働のためのエネルギー供給を切断できる人間の力により制御可能と考えるべきであり、仮にＡＩやロボットが単独で機械記憶力を駆使し暴走しようとしても、それを阻止するセフティネット（安全網）が働くシステムが設計され組み込まれて機能することが当然と考えられます。

コンピューターの暴走を許さない制御技術を駆使することは、人間固有の能力であり、これを無視した発想はＡＩ（人工知能）の進化を歪曲し妄信した非常識発想であり、マスコミ受けの有名人に憧れ（あこがれ）、人心の混乱を招く扇動者として、厳しく批判されるべき存在と糾弾しなければなりません。

しかしながらこの手の判断は、その前提となる重要な関係条件をネグレクト（除外）していることが多く、見学者に24時間自働無人工場を誇らしげに宣伝する企業にそのような事例を見受けることができます。

夜間無人操業させるためには、高度技術を持つ間接技術要員が長期間に亘りシステム設計に取り組み、昼間に多数のマシンツール（工具）をセンターマシンに取り付ける工員が働いてシステムが稼働しているというのが実態です。

こうした多数の間接人員の存在に触れないで、見学者に誇らしげに直接人員の省人化のみを強調し、見学者は無人という説明に感心している錯覚事例をよく目にしますが、企業にその説明責任を問わなければなりません。

また事務部門の会計職員が減少したと強調される場合もありますが、ＯＣＲ（光学的読取器）を利用するために、商品や会計科目との組み合わせを、入力するマスターファイル（基準データ）作成作業者、アプリ（仕事処理ソフト・ウェア）作成者がいるのであり、システム全体としては省人化されていることは確かですが、直接作業に関与しない裏方の間接要員が働いていることを認め、全く無人ではないことを説明すべきです。

しかしながら、この発想を広めようとシリコンバレーに開校した産業人のための大学といわれる「シンギュラリティ大学」は、その名の通りAI（人工知能）が人間の脳力に代わり、産業の主役となることに対応するための創業コースと既存分野と異なる新規事業活動に備えるためのコースとして設立され、開学当初は相当額の授業料（3万ドル程度）を徴収したとされています。

その後グーグルなどをスポンサーとして現在は無料であり、定員80名に対する入学試験倍率は60倍を超えていて、入学競争に勝つことは容易でなく、入学後は健康で強い学習意欲を持ち、相当高度の優れた資質を備えることが求められるものとされています。

入学後のカリキュラムは、AI、ロボットに加え、エネルギー工学、バイオサイエンス、神経医学、コンピューター工学、宇宙工学にまで及ぶ多様な教科が盛り沢山で、これを10週間の短期学習により極めるためには、記憶力に加え創造的思考力を兼ね備えた迅速な対応力〈QR〉が必要とされる人財でなければならないとされています。

さらに事業化活動に当たっては、育成研修期間中よりもさらなる迅速な対応が求められ、その厳しさに耐えられず、メンツ（体面）もあって秘かに離脱者とならなければならない人物も出ているとされています。

しかしながら出身国の枠を超えて、世界各国の俊才との交流機会に恵まれ、それを活かしてグローバルなビジネス展開を図ることのできる学習コースであることを評価し、それを目指して熾烈な入学競争と厳しい学習が繰り広げられ、その存続は永遠と評価し入学希望者は後を絶たないと説明されています。

こうした短期集中学習を求めるのは、経営環境が激変しそれに迅速に対応するには、凝縮した学習により「ひらめき」や「思い付き」を短期間で事業化することを当然とする、挑戦理念の確立を目指しているからだとされています。

望ましいイノベーション（経営革新）とは、市場に提供している商品またはサービスの顧客が毎年増加し、それに合わせ品質向上とコストカットを進め、付加価値を高めて、それを次の商品またはサービスの開発に先行投資し、継続的に新たな商品またはサービスを新市場に投入して、成長を持続できることであり、それに耐える資質を持つ産業人たることが求められているのです。

その意味では、全ての産業人は、その試練に耐え、常時厳しい「シンギュラリティ」（間違いなく訪れる日）に対応できる人財でなければならないことを求められているものといわなければなりません。

冷徹な傾向を予見する学者も、最悪の事態を避けるよう示唆し、ブリニョルフソンなどは、「モノより心とアイデア」「腕力より知力」が必要な時代であると強調しています。

同様にオズボーン等は、人工知能（ＡＩ）が人間に代わることのできない分野として、手先の器用さ、交渉力、説得力、芸術力等に触れ、研究した７０２の職種の消える確率は90％以上と指摘しているものの、全て消えるものではないと述べて、知恵を活かし仕事の場を創出するよう勧めています。

大まかに整理すれば、人の教えた範囲内で間違いなく作業を遂行できるのが、ロボットやＡＩ（人工知能）であり、人には創造的思考力が備わっており、人間の行動を阻害するロボットやＡＩ（人工知能）の動作を、制御・排除できるのであり、人を超えるロボットやＡＩは存在しないものと考えるべきです。

日本企業のロボットは現場において職長が指示し命令してきた事例を分析し、最適指示であることを検証して、ドキュメント（文章）とし「マニュアル〈手順書〉」にまとめているものをベースとしてシステム設計に取り込まれているのであり、その源はあくまで人間の指示の延長線上にあるのです。

そのマニュアルを電子媒体に記憶させ、パソコンやタブレット（表示端末）に配信し、現場作業の進め方を指示しているのであり、生産現場における人間の記憶違いや、不安定な感情が働く衝動的判断をなくするために、多様な判断要因を科学的・論理的な合理性ある判断基準で峻別しているのであって、電子端末による情報処理を「機械に使われる仕事」というのは錯覚に過ぎません。

さらにＡＩと人間の判断が協創し、工場作業に止まらず顧客の購買時期を検知し、先行生産により生産工程負荷の平準化を図り、生産コストを低く抑え、在庫コストも節減して「売れる製品・サービス」のみを提供するシステムをＡＩ機器やロボットを駆使し、人間が創出しているのです。

この需要・供給システムの一体化は、省資源化による循環型経済の実現を図り、地球環境維持のためのゼロエミッション〈無廃棄物〉システムを構築し、その持続可能性（サステナブル）により、人間のココロの安心・安全・安定を維持し、快適な生活環境を生み出す機能を発揮しているのです。

したがって一国・一民族の優位を確保しようと、俗にいうサイバーテロ（電脳かく乱）を引き起こすような精神異常者や自己陶酔者の異常行動を事前に予知し正常な状況を確保する働きも、人間がキャッチし、防御することにより保たれているのであって、そのコントロール（調整）が機能しないような事態を想定し、危機感を訴えることはナンセンス〈無意味〉というべきです。

先行投資がしごとを創る

創生法が「まち・ひと・しごと」としている意味は、「しごと」をする場である「まち」も、「しごと」をする「ひと」も共に、先行投資により「まち」という経済活動の場を築き、そこに付加価値を創出する「しごと」を創り、得た付加価値により先行投資を回収し、再び「まち」と「ひと」に先行投資して、さらなる「まち」の発展をめざす関係を期待した発想と理解すべきです。

先行投資というと従来は10年単位の長期計画に基づくものと理解されていましたが、最近の経営環境の激変は、将来の変革を予見して迅速対応（ＱＲ）を図り、短期間で投下資本を回収しなければならなくなり、年次毎に計画を組み直し、投資成果を上げられる企業のみに認められるものとなりつつあります。

大手企業においても長期ビジョンを打ち立て、10年に及ぶ長期計画を発表して、ご満悦だった最高経営責任者（CEO）の時代は過ぎ去り、毎年どころか、毎月、毎日経営計画を柔軟に修正するのが21世紀以降の企業経営の在り方と考えることが当たり前の時代となっているのです。

人生80年といわれても企業家として、経営環境の変革に積極的に対応し、責任を以って挑戦できる体力と気力を持つことのできる期間は、せいぜい10年間程度と考えられるのであり、長期計画の策定により、付加価値を創出し、社会貢献できる期間も徐々に短縮しているのです。

したがって、長期計画と云っても標準期間は5年程度と考えるべきであり、その計画を発表してライバル企業に勝ち、意気軒高であり続けられる期間が10年にも及ぶと考えるのは、独りよがりの「裸の暴君」に過ぎないのです。

経営環境は毎日変化し、技術も顧客も毎日変化しているのであり、その変化に対応するためには、5年間程度の計画を繰り返し絶えず策定し続けなければならないという発想を、ベース（基本）とするCEO（最高経営責任者）でなければ、その任を果たすことができない時代に入っているのです。

M&A（企業買収・合併）により、ライバル企業を掌中に収め、長期経営権を確保できると考える御仁には、望ましいイノベーション（経営改革）を、健康で持続できる力が求められているのであり、それを欠いたＣＥＯが企業短命説の元凶と化していることを、自覚するよう求めなければなりません。

これは日本の経済運営のトップである総理にも求められるところであり、１年間に何人も総理が変わる過ちを犯してはならないのであって、その発想の原点を、１９６２年アメリカの科学者トーマス・クーンが「科学革命の構造」で明らかにした「パラダイムシフト」（考え方の枠組みの変革）の意味を理解するよう求めなければなりません。

彼の発想は猛烈なスピードで進む地球環境の悪化、広範な技術の進歩、人間の不安感の増幅等は、従来の延長線上の常識発想を唾棄し、断絶的な発想で対応しなければならない時代へと転換していると明言し、企業も政府も絶えずイノベーション〈革新〉しなければその存在を認めらない時代へとシフト（移行）していると説くものでした。

このような事態に対応する人財の確保に当たり、欧米の企業は必要とする能力を基準とする「職務型」を重視するのに対し、日本の企業は採用後に長期間自社育成する「養成型」を取るといわれ、「人財育成」に対する投資は当然のことと理解されていますが、その進め方に関して「時間的制約」と「資金的制約」の二つの面から検討し提言しなければなりません。

時間的制約とは経営環境の短期間の激変に、短時間で対応することが求められることであり、資金的制約とは、人材育成のための教育訓練のための先行投資に充てる資金をいかにして調達するかを、確認しなければならないことです。

第一に人財育成の前提条件として、「経営システムに対する先行投資」の重要性を理解し、設計することが求められます。

今日においてほとんどの職務はシステムとして遂行され、「システムへの先行投資」は経営環境の変革に対応し迅速な情報処理を行うために、短時間で全体最適を実現できるように設計することを求められています。

これは同時に関連するシステムの各パートの関与者が連携して、全体最適を実現できるシステムを協創することを求められていることを意味します。

ルーティンワーク（通常業務）の改善に関しては、職務別に標準化されその担当者に対して教育訓練を行っていれば充分と考えられてきましたが、そのような考え方を是正し構造的改革の推進が求められていることを理解すべきです。

なぜならば、経営システムとしての全体最適を図るための「しごと」の設計は、あらゆるケースを想定し科学的に実行可能な「職務遂行システム」として標準化・文章化され、「標準マニュアル」として作成され、しかも経営環境の変革とともに絶えず改変することが必要となっているからです。

その先行投資を欠いたまま職務遂行人財の恣意的判断で、経営課題が先送りされ、あるいは放置され、非合法的な不適切な処理が行われるような状況となれば、企業経営の持続が困難となるのは当然と想定しなければならないからです。

第二に完璧な全体最適を図る厳格主義により、過大な先行投資とならないよう的確な予算枠を設定し、それを遵守して期待した成果をあげられるような資金調達が図られなければなりません。

技術的良心に忠実に従い完璧な全体最適を図ろうとすることにより、市場への提供タイミングが遅れ、先行投資が増大して市場競争において劣位に立ち、先行投資が先行浪費となるような事態に陥ることは許されません。

そうした事態を避けるためには企業の可能性を過大に評価せず、客観的に判断し顧客の購買力にマッチした目標レベルを選択して、企業の経営力の範囲内に収める分相応の「身の丈目線」で設計することが必要となります。

第三に「ライティング（文章作成）力」の強化を図る研修を継続的に行い、ドキュメント（書類）を作成し、先行投資の成果が実現しているかを、客観的にチェックできるように設計することが必要不可欠な条件となります。

計画策定した案件については、同時にその成果を実績として把握できるシステムとして設計されるべきであり、実績の把握ができない案件は計画の対象とすべきではないという原則を尊重すべきです。

と同時に計画の進捗度をできるだけ早期に把握するシステムを用意し、迅速に実績を掌握して臨機応変に戦略を修正し、達成確度を高めることができるように設計することが求められます。

材料標準スペック（仕様書）、業務フロー図、設備配置図、技術基準書、標準タクトタイム（工程別標準作業時間設定）等に基づき、実現確度の高い目標を設定し、常時実績を把握して目標達成度が採録され、それを活用する管理システムが持続的に機能するように設計されなければなりません。

この考え方の原点にあるものとして、アメリカの高等教育設計に取り入れられているWAC（ライティング・アクロース・カリキュラム）は、「書くことにより大学生が学習に励み、考える力を習得することを求める教科課程」と定義していますので、企業にもこれを活用するよう勧めています。

社会人となっても書くことによって学習知識を拡充し、それを駆使して経営革新に活かし客観的に理解されやすい資料として、「ドキュメント化（文章化）」するよう求めているのがＩＳＯ（国際標準機構）の基本発想です。

このような発想に「面倒くさい」「文章化しづらい」「形骸化している」というような批判もありますが、企業とステークホルダー（利害関係者）に利用される状況を創るためには、文章により詳細に説明し納得を得るための先行投資であると理解し、しごとの制度設計に組み込むよう求めることとしています。

第四に競争条件に関して、活発な自由競争を前提とする従来の対応に対して、グローバリズム（地球規模観）に立脚して、ハーモナイズ（調和）を図る方向でしごとを設計するよう勧めることも重要と指摘しています。

かつての市場競争原理に基づく「比較生産費」による競争は、今や前近代化し、グローバリズムのもとでは、多国間の格差をできるだけ少なくし、ハーモナイズ（調和）するように、制度設計されるべきであるとする、国際的合意が成立しているものと理解するのが常識と考えるべきです。

　このような経営環境に対応するためには、単なる目前の対策を組む姿勢を改め、将来の変革を予見し全体最適を図る先行投資が、政府にも企業にも求められるのであり、しごと創りに取り込むべき必須条件と理解するよう提言しています。

補助金をしごと創りに活かす

　国は全産業分野で多様な補助金・助成金・給付金・委託研究開発費等（以下ではまとめて補助金等と略称します）を設けていますが、「バラマキ」「ただ取り」「贈収賄の温床」と云うような批判も少なくなく、交付の申請資格や手続きが複雑で、予算の制約から「指定席」（最初から適格企業が決まっている）ともいわれていて、もっと利用しやすくすべきであるという意見が寄せられます。

　しかしながら補助金等の制度は、国や地方公共団体が、企業の行う事業の必要性と高いリスクにより経営に及ぼす影響を判断し、企業の事業実施を迅速化させ、リスク負担を軽減して高い生産性を実現できるように支援する政策として実施されているものです。

手続きとしては、その必要性を判断した関係機関が年度毎に予算計上し、それに対して企業は適用申請し、関係機関の審査を得て承認され、その事業を実施して交付を受け、それを損益計算書に営業外収益又は特別利益として計上し、一定期間後に実施結果を関係機関が検査・監査して終了する制度となっています。

このような手続きとは別に公費に対する責任という面から、補助金等を受け取る企業は先行投資として預かったものと判断し、交付する側も預けたものと見做し、双方が協創して、交付目的を達成することが求められているものと考えるべきであり、会計処理も費用ではなく、資産・負債と想定するよう求めるべきであると指摘しなければなりません。

補助金等を受け取る企業に対し、受けた補助金等を負債と見做して、経営活動により付加価値を創出し、得た投資収益から納税と社会保険料等を支払い、これが補助金等の返還に相当するものと想定するよう求めることとなります。

営業外収益又は特別収益として損益計算書に記載する場合は、経常収益が補助金等を上回っているかを確認すべきであり、下回っている場合は先行投資額の一部を補助金等が補填しているものと理解するよう求めなければなりません。

言い換えれば一旦補助金等を受け取れば、「隠れ債務」ともいうべき潜在的負債を企業が負い、自主的に償還の義務が課されるものと考えるべきであると云うことになります。

業界団体や地域団体が国や地方公共団体に対し、必要な資産取得費用や必要経費の支出を予算計上するよう要求し，その結果、毎年公費として支出される恒常的支出となり、収益が上がらなくても補助金で経営できるような安易な企業経営により、「バラマキただ取り」というような批判が起きないよう、公正な運用を図るよう求める発想となります。

先行投資は国債或いは公的金融機関による融資により調達され、国の負債として明確に国民に周知され、その先行投資を活かす企業の経営行動が、次の経済成長をもたらす原資となるような制度とすることが必要と考えるべきです。

このような発想をあえて求めるのは、補助金等の交付に対してバラマキと批判されている見解の誤りに対して、企業として先行投資により社会貢献責任を果たす「しごと創り」を図っていることを明らかにすることが必要と考えるからです。

このような考え方で企業として補助金交付を堂々と受け、新事業活動を展開し、その付加価値から補助金等を返還しているものと考え、バラマキを受けて利益を補助金で生み出すような姑息な企業でないことを実証し、日本経済の成長に寄与していると、胸を張って明言できる企業であることを期待したいものです。

しごとが幸福感をもたらす

日本経済の高度成長による所得増加にもかかわらず、国民の幸福度を国際比較すると、「不幸感」を訴える人が多いと、慨嘆する向きが少なくありません。

幸福度の国際比較を調査している専門機関もありますが、その手法をみると幸福の定義は千差万別であり、国際比較の妥当性について、疑問となるところが多く、その不備を指摘し、的確性を欠き、無意味と無視する声もあります。

対象とする評価項目は多岐にわたり、民族性を反映して各国各様であり、国際比較は困難で、データの客観性を検証することは、不毛であるとの見解が少なくないのも、当然と受け止めるべきところがあります。

例えば地下経済の浸透度、贈収賄の横行、法制度整備の差、経済指標の透明度、民族性を反映する規制の多様性等を、国際比較するために厳正を期すとすれば、調査機関職員の生命が危険にさらされることを、危惧しなければならないという指摘もあります。

調査の設計に当たって、感性調査の一般的なパターンである5点法により計数化されている指標も少なくなく、同一の母集団を用いても、サンプリング方法や、データ集計方法により変動を避けられないのが当然ともいえます。

また、調査時点の違いや、質問方法のニュアンス（趣の差）、聞き取り場所等で、異なる結果を生み出す可能性が高いという批判もあります。

この結果、幸福度は調査対象個人の感情が反映され、比較する国の規模、対象層、場所、時間等によって評価が異なり、客観性を持った国際指標とするには、不向きとの指摘が多く聞かれます。

調査項目は、経済効率指標に加え、地域文化、自然環境（気候、景観、立地）、インフラ（道路、橋梁、港湾、空港、交通手段、公共施設等）、教育環境、余暇時間、住居等、多岐にわたっています。

さらに個々人のおかれている社会的位置、所得水準、家族構成、保有資産、居住地域、宗教、学歴、年齢、性別等を評価因子とすれば、統計的検証も膨大な作業となります。

したがって、科学性・論理性を付与しようとすることには、本来、無理があるとの見解が、妥当ということができます。

日本では、ＧＤＰ（国内総生産）はマクロの指標であり、国民個々人の生活実感を把握する指標としては不向きであり、日本の実態を反映していないとし、それに代えて、政府が幸福度を探る試みを行ったこともありました。

日本の旧経済企画庁が「非貨幣的豊かさ」指標を把握することを目的として、「国民生活指標」（PLI、ピープル・ライフ・インディケータ）なる指標を発表し、幸福度を測定しようとしたことがそれです。

参考にその内容を紹介しますと、人の「八つの活動領域」（住む、費やす、働く、育てる、癒やす、遊ぶ、学ぶ、交わる）と四つの「生活評価軸」（安心・安全、公正、自由、快適）について指数化を試みています。

しかしながら、国際比較により、日本の幸福度の優劣を検証することもなく、省庁再編で、調査そのものが立ち消えとなりました。

悲観論を打ち消し、先進国としての誇りを高めようという意図があったかもしれませんが、科学性も論理性もない国際比較が、悲観論を助長する逆効果となることにも、配慮すべきであるとの批判も起きました。

したがって、政府がこのような遊び感覚・ゲーム感覚の調査を行うことは、高度成長に慢心した、制度疲労の後遺症であり、不必要・非効率行政の愚行として、中断されたことは当然ともいわれました。

敢えていえば国際比較でなく、国内就業者の業種・技術・企業規模等を層別して調査することにより、就業者のモラール（やる気）やインセンティブ（動機）を把握し、雇用政策立案に活かすことが可能であるとも考えました。

また指標として取り上げた「八つの活動領域」については、少子化対応の「育てる」、心の不安定対応の「癒やす」「交わる」「遊ぶ」等が、国民の感性に基づく個人生活、感情まで細やかに把握することの一端に寄与するものと考えられるのであり、多面的な捉え方には参考となるところも多くあります。

過去のことですが、「働く」ために必要な、労働の再生産を可能とする条件である「休む」を入れて、ワーク・ライフ・バランス（労働と生活の均衡）に配慮した調査項目とすべきでなかったかとも考えさせられます。

また生活評価基軸の「安心・安全、公正、自由」の３指標は、国民の目線を最も反映した評価指標として、今後において活かされるものと考えられますが、「快適」を加えたことは、無理に幸せ感をよくする意図によるものかと考えさせる項目であり、他の項目と比較して妥当性を欠くものといえます。

なぜならば快適は他の評価基準と異なり、ベストの状況を想定して適否・好悪の判断を求めるものと理解され、科学性を求めるべき評価項目としては、不適切と考えられるからです。

それに代わり、国民生活の評価基準として、財政負担の最重要課題となっている介護・医療費を削減するための方法である「健康」を加え、家族生活への影響度を調査項目とすべきでなかったかと指摘しなければなりません。

しごと場に生きがいを実感する

政府でも把握できなかった国民の幸福度調査に代えて、日本の就業者数として66％の多数を占める中小企業の現場の実態を明らかとし、そこに見出される就業者の仕事に取り組む姿勢を明らかとすることとします。

日本の中小企業の現場は少人数で職場が狭いから、職場の上司と部下はお互いが顔の見える場所で仕事をしていて、時には私語で雑談しながら楽しんで淡々とチームワークで仕事をこなし、顧客の小さな要望にも協力して応えるのが当然の行動と理解し、情報が共有される場となっています。

滞っている仕事があれば、社長以下全員協力して仲間的雰囲気で仕事をこなし、特別予定のある人が「お先に」と声をかけて退勤しても咎めないし、「サービス残業」という感覚もなく、やるべき仕事をやるべき時間内でこなすのが当然となっています。

「明日までに、この製品を得意先に届けなければ」という当たり前の仕事観が、手すきの人を「助人」として自発的に参加させて、義務だとか同僚への協力意識だとかがそうさせているという感は見受けられません。

仕事が閑散期に入れば、あらかじめ得意先の了解を得て「本日休業」の張り紙で、社長、全従業員参加の旅行を楽しむ変化自在な休暇の取り方もあります。

誰いうとなく和気あいあいの中で仕事の手を休め、同僚従業員の田舎から送られてきた名産品を、職場の皆で車座を囲み、賞味する自由なくつろぎの時間も勝手に設けていますが、職場規律違反というお咎めは皆無です。

勤務時間が定められていても、注文が入れば時間外でも届け、それをひけらかすことなく、仕事が早く終われば「仕事しまい」して帰宅し、家でくつろぐ自由も認められているところが少なくありません。

「労働を時間で売っている」という海外の常識からみれば、異常ということになりますが、欧米で重視し始めた「顧客満足」を最も忠実に実行しているのが日本人と考えるならば、世界最先端の働き方ともいえるのです。

会社が「早帰運動」を呼びかけても通勤電車のラッシュを避けるため、「職場が一番落ち着ける」と時間調整し、家族や友人との約束時間に合わせて、職場の残務整理するのは、普通というのが中小企業の勤務実態です。

あくまで原則であり、従わなくてもこの程度のことと、気にしない事業主の姿勢と、待ち時間を手持無沙汰だからと、明日の準備を自発的に続け、サービス残業と意識しない従業員との、相互納得が成立しているのが中小企業です。

「頑張る社員」と見せつける必要もなく、「能力不足だから無料の残業当たり前」と過労を強要されることもなく、自然体が活きているのが中小企業の職場の実態であり、それが中小企業を支える暗黙の了解となっています。

こんな変化の多い中小企業の現場は、変化のないデスクワークに追いまくられ、サービス残業をぼやく大手企業人には想像もできない、幸福感を感じる場ともなっていることが、中小企業の現場を見ればすぐに感じられます。

そうした雰囲気を感じられない職場であれば、さっさと辞めて次の働き場所を見出すのも、働く側の選択にかかっており、事業主も当社には合わないと見れば無理に引き止めたりしません。

中小企業ならではの幸福感は、給与レベルや統計数字で捉えるものではなく、毎日の仕事や同僚との会話の中に、自分の好みに合った雰囲気を感じ、ある意味では良い人間関係を簡単に築くことができる唯一の安心感、安全感、安定感を感じられる生活の場となっているものとみることもできます。

したがって若干の問題点を感じても、今の職場以外に落ち着ける場がないと自分で考え、「納得できる非合理の合理」として暗黙のうちに認め、そうした場があることで「幸せ感」を感じているのです。

仕事を苦痛と感じ家庭や長期リーブ（休暇）を楽しむ欧米型の従業員と、仕事が好きで職場の同僚と一緒の場にいることに、幸せ感を感じる日本人とのパーセプション・ギャップ（受け止め方の差）は、比べて優劣をつける問題ではなく、民族性の差として受け止めるべきでしょう。

雇い主も従業員もメーターで測ることのできない「ウマが合う」関係で、成文化されない「裁量労働制」を暗黙の裡に成立させ、職場の幸福感を醸成しているのであり、就業時間が賃金を決める欧米との差と理解できます。

この関係を形成することに寄与しているのが、学生から初めて社会人となって新たな職場に配属され、その職場で自由な意見交換を気兼ねなく行える同僚を見つけ、徐々に友人関係の密度が高まり、本物の生涯を通じる友人となるというケースが標準的パターンという例は多いものと考えられます。

その上、日本的な仕事の進め方で、最も非効率の代表と批判されている「根回し」により、職場の改善方法への提言を同僚や先輩に説明し、その理解を得て妥当性を確認し、あるいは批判や反論を受けて修正を行うなどの行動は、職場の同僚や上司がいるからこそできることなのです。

欧米で最も重視すべきであると強調されているコミュニケーションや対話による質問法は、「日本版根回し」といえるものであり、日本の悪慣習ではなく世界のディファクトスタンダード（事実上の標準）の一形態であると、自信を持つよう促さなければなりません。「日本の古き悪しき慣行」と批判し、根回しの非効率性に固執する人もいますが、欧米で説かれている折衝力や交渉力の必要性は、それ自体「根回し」と言い換えることができる

第3編第1章　「しごと創り政策の意義を評価する」要点イラスト

高度成長期 ;モノ充足満足 → バブル崩壊期；ココロ不安 → 経営環境激変 → 将来不安 → ヒト創り

自己実現 ― 創業・第二創業

就職 ― エンプロイアビリティ

産業・職種選択 ― 就業先行投資 ― ヒト創り

→ 「アーサーオークンのミザリー指数受難者」

しごとと創りの条件を提言する

「モノつくり＋コトつくり」が国際競争に勝つ「しごと創り」の基本条件

◎2004年設立の「日本モノ作り研究会」が初めて「こと作り」を用いて高度成長におごらず、国際競争に勝つために必要な発想として発表

◎（産業競争力懇談会2012年度プロジェクト報告より）イギリスの哲学者アルフレッド・ホワイトヘッドは「国際競争力とは物質（サブスタンス）ではなく、コト（イベント）を中心に考えるべき」として、モノにその存在意義を訴えるイベントが加わって国際競争力となると指摘。

コトつくり3つの展開基本条件

①知ってもらうコトつくり：ネット活用、イベント開催

②買ってもらうコトつくり；コスト合理化、オンデマンド供給

③顧客満足を得るコトつくり；製造物責任、社会貢献

プロダクト・アウト発想からマーケット・イン発想への転換が基本条件

「こんな良い製品がなぜ売れない」というシーズ（種）重視のモノ作り発想を是正し、ニーズ〈必要〉重視のマーケット・イン発想に切り替え「こんな製品があったら良い」という需要サイドの発想に立つ。

人口頭脳（ＡＩ）、ロボットに人間労働が代替され、人間労働を不要とする時が2045年とし「シンギュラリティ（間違いなく来る年）という発想を払拭し、人間と機械がチームワークを発揮することにより「しごと創り」することが基本条件。

◎1995年アメリカのタウン大学のジェレミイ・リフキンが「技術革新の急速な進化が、人の仕事を無くする」と指摘。

◎イギリスのオックスフォード大学のマイケル・オズボーン准教授等は「雇用の未来」で、ＡＩ（人口知能）の活用により「人間の仕事で無くなる可能性のある702職種の確率を試算し、人間作業から機械への代替は歓迎すべきことであると指摘。

◎ＭＩＴのブリニョルフソン等は「機械との競争」に組み合わせとして人間と機械の協創をチームワークと指摘。

結局、人間の発想を機械に記憶させ。パターン認識・推論・連想等の人間の思考方法を代替しているのであり、人間の知能の範囲に止まり、仮に反乱を起こしても制御できるのです。

日本の小規模企業のしごと創り実態の理解

◎経営環境の激変に対応する経営規模として小規模企業が選択される。

◎少子高齢化が消費の多様化をもたらし、カスタマイズの受け皿となる。

◎インターネット活用の新業態を開発し、新創業事業モデルが増加する。

◎職場が主たる人間関係交流の場となり、生きがいを感じる場となる

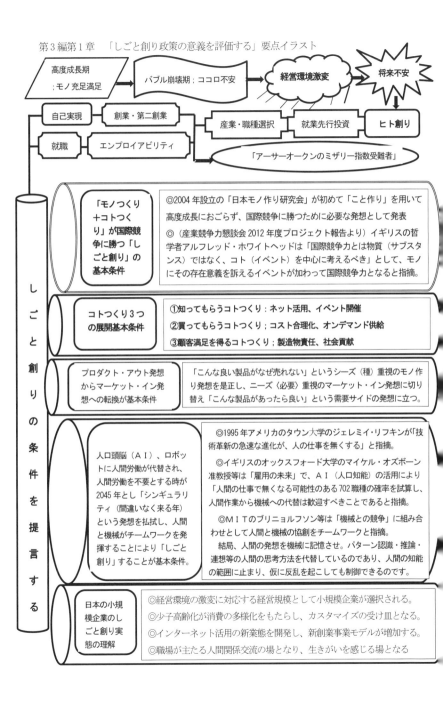

仕事の進め方といえるのであり、根回し批判を無視することを勧めています。

日本で一時期よく使われた「ホウレンソウ」（報告・連絡・相談）は、根回しそのものであり、根回しの促進ツール（道具）ということができます。

このようにして、日本の中小企業では、職場が労働の場であると同時に、自分の心を安心させ気兼ねしないで済む理解者のいる場となり、生活の一部に組み込まれているのです。

第2章　すき間市場にしごとを創る

創生法を活用して地域のしごと創りを図るためには、すき間市場（ニッチマーケット）の成長性に注目し、その中でも「製造物責任付帯関連サービス」（サービサイジング）において「しごと創り」を図ることが、最も有効であると考えられます。

ここですき間市場（ニッチマーケット）というのは基幹産業といわれるようなスケールメリット〈規模の利益〉により成り立つ大きな市場業分野と比較して、人のきめ細かな作業や気配り作業によって小規模メリットを発揮する小さな市場を対象とする新しい産業分野であり、創生法の目的とする地域産業を支える核となる産業分野といえます。

「製造物責任付帯関連サービス」（サービサイジング）とは機械・設備・装置等により生産された製品や提供されたサービスが、人類や自然環境にマイナスをもたらさないように製造物責任に関連する産業を核として構成され、デザイン業からメンテナンス業、廃棄物処理業まで、小規模企業（マイクロファーム）が核となり、創生法の目的とする地域産業を支える役割を果たす産業分野です。

したがって創生法は地域を活性化させるために、地域経済にマッチするすき間市場に注目し、その中核を構成する製造物責任関連産業分野の小規模企業を育成して、地域住民が利便性・快適性・経済性を享受し安心・安全・安定生活を営める地域創りを実現するように活用されなければなりません。

この結果、日本の今後の産業構造は、従来からグローバル展開を図っている大手企業と、日本国民が特に求める独特の「きめ細やかなニーズ」を満足させる小規模企業（マイクロファーム）とが協創して内需を成長させ、外需は大手企業と世界ニッチ市場の一番手（グローバルニッチトップＧＮＴ）が協創して成長させ、豊かな経済成長がもたらされるものと見込まれます。

グローバル大手企業は、人工知能（ＡＩアーティフィシャルインテリジェンス）、ロボット、クラウド・コンピューティング（多様な情報ネットワーク活用技術）、遺伝子医療等の最先端技術に投資し、国際調達を必要とする原材料資源を確保し付加価値率を高めて、大規模化メリットにより国内市場に加えて海外市場への進出を果たし、日本の所得収支に貢献しています。

これに対して、小規模企業（マイクロファーム）は、主として内需に対応してすき間市場（ニッチマーケット）を開発し、小規模化のメリットを発揮することにより、国内労働力の就業機会を創出し、政府の創生政策の推進を担い、その一部は海外展開によりグローバルニッチトップ（ＧＮＴ、世界ニッチ市場の一番手）として世界に雄飛する企業へと発展しています。

この章では、すき間市場（ニッチマーケット）を理解し、その主たる担い手となる内需対応の小規模企業（マイクロファーム）及び世界ニッチ市場の一番手（グローバルニッチトップＧＮＴ）の事業展開を確認し、小規模企業の今後の発展を促し、成長を期待して提言することとします。

すき間市場を理解する

「すき間市場」の語源を遡れば、ラテン語の「巣」から始まり、生物学においては生態的進化による「最適生息地」という意味を持つ用語となり、それがマーケティング用語となって、英語では「ニッチマーケット」となり、日本語では「すき間市場」と翻訳され、企業活動展開の「最適の場」という意味を表わしている用語ということができます。

地球の環境変化に対応し、生物が新たな生息地を見出すと同様に、経営環境の激変は、消費者の選択肢の分散化・多様化をもたらし、それに対応した新たな市場であるすき間市場（ニッチマーケット）は、希少性、特殊性、潜在性、非安定性、短期性、瞬発性等の特性を活かし、従来の大規模市場とは異なる新たなしごとを見出し、成長し発展する場を築いているのです。

また「ニッチ」は、「建築物の壁の窪み」を意味するともいわれ、経済の成熟化に伴い、従来の商品やサービスに満足できない、新たな感性に基づくニーズ（欲求）が創り出すマーケットにおいて、瞬発性と短命性を繰り返しながら、持続する存在を指すことを意味する用語ともいわれます。

今後の産業構造においては、衰退した産業から、将来性ある産業分野へと移行を促す、中小企業の新陳代謝の促進支援政策として、小規模企業振興基本法をベースとする政策が展開され、その受け皿として、すき間市場（ニッチマーケット）が、従来の産業構造と異なる領域において、その存在意義を発揮するものと想定されます。

その事例として、かつて平成13年（2001年）福島県の建設業協同組合が、国土交通省の「経営革新活動建設業団体補助制度」を活用し、建設労働者に二級ホームヘルパーの養成研修機会を設け、建設業の就業者を、厚生労働省の主管する介護分野に、新規就業させる試みを展開したことがありました。

2016年には、「すき間を埋める施策」である創生法が本格展開され、改正経済特区とともに、新型交付金を創設することが検討されており、その対象として、各府省庁間における「すき間市場」、地方における都道府県と市町村の「すき間市場」に、新たな政策が展開されるものと考えられます。

この結果、今後のすき間市場（ニッチマーケット）を形成するビジネスモデル（事業類型）として、「コミュニティビジネス」と「製造物責任付帯関連サービス」（サービサイジング）とを担う小規模企業（マイクロファーム）が緩やかな成長により、国民の安心・安全・安定感をサポートする協創市場開発の主役を務めることとなるものと考えられます。

コミュニティビジネスは「ソーシャルビジネス」ともいわれ、両者の定義は若干の差があるものの、ほぼ同一と理解されるところが多いので、本書ではコミュニティビジネスに統一して第1編「まち創り」で詳細に述べました。

この展開は、内需に止まらず、「クールジャパン」（世界に受け入れられる日本文化普及運動）の一端を形成し、グローバル展開により、世界市場に貢献する、日本発のビジネスモデル（事業類型）をめざすものとして期待されています。

２００５年フランス経営大学院のキムとモボルニュにより提言された、激烈な競争を展開する「レッド・オーシャン」（血の海）から「ブルーオーシャン」（青い静かな海）」に移行し、過当競争による無駄を、排除すべきであるという発想を活かし、ニッチマーケットを担うマイクロファームに、内需市場においてブルーオーシャンを選択する経営革新行動を採用するよう勧めてきました。

コミュニティビジネスを担うマイクロファームは、地域の住民が主体となり、物心両面から豊かな地域を創るための、民間営利企業と位置付けられ、既に古い歴史を持つ地域産業に、人の善意（プロボノ）が加わった住民主体の新たなビジネスモデル〈経営類型〉と位置付けられ、活発に活動しています。

このような伝統を持つ、コミュニティビジネスに対して、もう一方のすき間市場（ニッチマーケット）を形成する新産業分野である「製造物責任付帯関連サービス」（サービサイジング）は、ゼロエミッション（無廃棄物）を通じて、資源循環型社会を実現する役割を果たす新らたな産業分野として、今後の成長が期待されています。

この「コミュニティビジネス」と「製造物責任付帯関連サービス」（サービサイジング）を担うのに適切な企業規模が、マイクロファーム（小規模企業）であり、すき間市場は、マイクロファーム（小規模企業）が担うことにより経営革新を実行し、新たな産業構造を組成するものと位置付けることができます。

「製造物責任付帯関連サービス」（サービサイジング）は産業構造の成熟化を受けて、セグメント（細分化）された小さなマーケットを担うマイクロファームとして新たなビジネスモデル（新業種・業態複合企業類型）を派生させ、トータルでは大きなマーケットを形成して、内需を成長させグローバルな展開も期待される産業分野です。

「製造物責任付帯関連サービス」（サービサイジング）を担うマイクロファームは、先端技術の開発する新製品や新サービス手法をオペレーション（操作・稼働）し、メンテナンス（保守・修繕）して製造物責任を果たし、その結果、資源循環型技術を活かして、ゼロエミッション（無廃棄物）社会を実現し、国民生活の安心・安全・安定を持続させるニュービジネスモデル（新業種・新業態複合企業類型）と位置付けることができます。

この二つの市場を担う小規模企業（マイクロファーム）は「まち・ひと・しごと創生法」を実践する企業として、長い間の日本経済の低迷を払拭し、21世紀に羽ばたく日本を創り、世界に誇れる国家となる原動力を担うものと期待されます。

丁寧な誠心誠意の対応を求められるマイクロファームには、小企業規模であるメリット（価値）を発揮し、柔軟な経営活動を持続して、必要とされる商品とサービスを必要時・必要量生産しあるいは提供して、国民が安心・安全・安定した生活環境を享受できる社会を実現する役割を果たす今後の新たな産業分野を代表する存在となるものと期待されています。

コミュニティビジネスに進出するマイクロファームに今後期待される有望分野として、地域中心に展開される育児支援分野、介護分野、家事代行分野、季節産業分野、農林水産分野、学習分野、観光分野、住宅メンテナンス分野、廃棄物リサイクル分野等があり、これらの中には既にマイクロファームの域を脱し、株式公開まで発展している大手企業もあります。

また「製造物責任付帯関連サービス」（サービサイジング）関連の有望分野として、「モノ作りの前過程」であるデザイン、設計、試作、パッケージング等の職種があり、「モノ作りの後過程」としての商業流通、物的流通、金融（リース、レンタル、シェアリング、広告・宣伝、保全、修理、改良、廃棄等の広範な産業分野が存在します。

このように「製造物責任付帯関連サービス」（サービサイジング）は、商品（製品及びサービスを含む）の全ライフサイクル（寿命）に関する諸機能をマイクロファームが担い、広範な事業活動分野を担当して多様な感性需要に対応する21世紀型の「ニューインダストリー」（新創生産業）分野を構成するものと想定されます。

「すき間産業」分野は、その事業化当初においては、小規模経営からスタートするマイクロファーム（小規模企業）が、最も対応し易い事業規模と認められるのであり、したがってニッチマーケット（すき間市場）とは、マイクロファーム〈小規模企業〉の活動するマーケット（市場）ということもできます。

市場規模が安定せず短期間で発生したり消滅したりするマーケットに対応する経営形態

は、経営環境の変化に柔軟に即応することが可能な小規模企業（マイクロファーム）が最も適切な担い手であると考えられるからです。

大規模のメリットをめざすより独特の自立性あるマーケットに特化し、「革新的な事業行動」により「小規模のメリット」を発揮して、安定的に持続可能な経営をめざすマイクロファームには、創生法の実行を担う受け皿としての大きな期待が寄せられ、国もその支援を図ることを宣言しています。

これらの産業分野は、従来存在しなかった革新的な事業アイデアを取り入れ、絶えずマーケットのニーズに即応し、イノベーション（経営革新）を継続しなければ、持続できない事業形態と言い換えることもできるのであり、そのために絶えず先端技術を学習し、事業化する努力により、その機能を果たすことが求められるものと位置付けすることができます。

すき間市場の特性を活かす

経済の成熟化により産業構造の変革が起こり、従来の産業が衰退し一時経済の停滞が起こりますが、これを新たなビジネスチャンスの到来と受け止めて旺盛な事業意欲で、創業に挑戦するマイクロファーム（小規模企業）が輩出し、厳しい企業間競争を続けながら安定経営持続をめざして活動し、経済は停滞することなく拡大発展を続けてきました。

しかしながら「製造物責任付帯関連サービス」（サービサイジング）は、「モノ作り」分野よりサービス提供分野に多く、そのために今後マイクロファームの労働生産性の低下が起こり、好循環を期待することは難しいのではないかという指摘もあります。

これは一般的なサービス業の低労働生産性という常識をベースとする論理であり、正規分布を前提条件とし計数可能な「もの作り」の生産性算出基準を、無形性・異質性・同時性・貯蔵不可性・瞬発性・短期消滅性等の特性を持ち計数化が困難なサービス産業に、適用することに無理があり、別の視座からサービス業の評価基準を定め、科学的に立証することが必要となります。

モノ作りにおける生産性は、インプット（投入量）とアウトプット〈産出量〉が数量的に把握可能であり算出できますが、「製造物責任付帯関連サービス」（サービサイジング）は、インプットの労働・資本投入量の把握が可能であってもアウトプットに相当する顧客満足度を科学的・論理的に把握することは困難であり、モノ作りとは異なる評価基準が必要と考えなければなりません。

例えば顧客は最終消費者であるＢ２Ｃ（個別消費者対応）のみでなく、中間需要者であるＢ２Ｂ〈取引企業間対応〉の場合も存在するのであり、同一の顧客満足評価基準で対応することが困難であり、ＴＰＯ（時間・場所・状況）により評価が異なり、数値化しても感性のブレにより評価値が変動し、客観的な評価データを算出することは極めて困難と考えなければなりません。

このため個別のＢ２Ｃ（企業対消費者）、Ｂ２Ｂ（企業間）に、随時発生する感性サービスのＣＳ（顧客満足）測定のために、種々の評価法を用いて計数化し客観性、科学性を見出そうとする試みが続いています。

しかしながら、そのような方法により客観的評価が可能とする発想には無理があり、人間の感性を対象とする評価方法は、既に官能検査の限界として認められているところであり、一般的には、限定条件の下での、傾向把握の一手法に過ぎないものと考えなければなりません。

さらに感性のブレは複雑に変化し、情報通信技術の進化により風評の流布を引き起こし、マインドコントロール（心理操作）ともいうべき事態に発展するケースも稀でないことにも配慮すべきです。

このため経済予見が著しく困難となり、優秀な専門家がスーパーコンピュータを駆使してビッグデータを解析しても、予測の正確性を高められる保証とはならず、全ての因子が「有意差なし」となることが多いといわれています。

本来、優位差のない要因の分析に没入するのは、「知りすぎた過ち」に陥り絶えず不安感に苛まれ、次から次へと発生する新たな問題点を列挙して、危機感を煽るもののその解決策が提案できないという、「不景気専門家」を生み出しているのであり、それが発信源となって国民を不安に陥れ風説の流布が蔓延して、回答のない不毛の論争が続くような事態も起きています。

このようなニッチマーケットの浮動性は、同時に産業としての小規模性と短命性を併せ持つものであることが一般的傾向であることを理解し、不断のイノベーション（経営革新）によりニュービジネスチャンスの創出に果敢に挑戦する姿勢を持ち続けなければならないのが、マイクロファーム（小規模企業）の宿命であると考えなければなりません。

製造物責任付帯関連サービスがしごとを創る

ニッチマーケット（すき間市場）を形成する「製造物責任付帯関連サービス」（サービサイジング）は、アメリカでは、一般的に用いられている用語ですが、日本では２００７年経済産業省が環境問題に関し、「グリーン・サービサイジング」として初めて用いた経過から、環境関連の用語と理解されています。

供給サイドのマテリアルサービス（モノの所有・管理・利用価値）、利用サイドのモノ有効利用・管理の高度化（修理・リフォーム・アップグレード・点検・メンテナンス）、モノの共同利用、ノンマテリアル（サービスの高度化・高付加価値化）等を挙げて、製品の提供に加え製造物責任に対応するサービスを提供し、環境負荷低減を図る意義を指摘した新語と理解すべきものです。

サービサイジングという言葉は１９９９年アメリカのテラス研究所のホワイト・アレン等が、連邦政府の環境保護庁に提出した報告書の中で初めて用いたとされ、企業の製造物責任を果たす行動が地球環境問題に資する新たなビジネスモデル（新事業類型）として、重要な意義を持つことを予見した貴重な提言と理解しなければなりません。

この発想の根底にあるのは、資源循環型社会を創造するための省資源・ゼロエミッション（無廃棄）の実現であり、それは商品のライフサイクルに関係する全ステークホルダー（利害関係者）が、製造物責任を遂行することにより達成されるものとして、「製造物責任の拡大に整然として対応すること」（クワィェト・トランジション）と明記していることにより確認できます。

「モノ作り」から販売、メンテナンス、パーツ補給等のプロセスを経て、最終的に廃棄されるまでの「モノの全ライフサイクルに関するプロセス」において、完璧な製造物責任を果たすことが、企業の社会的責任であることを明確に確認した、極めて重い意味を持つ用語と理解しなければなりません。

したがって製造物責任の関連事業分野として、資源循環に寄与するゼロエミッション（無廃棄物）行動に徹するよう求める「しごと」分野を意味しているのであり、創生法のめざす「しごと創り」の基盤発想を構成するキーワードとして取り上げなければなりません。

敢えてその提言者であるホワイト・アレン等の考え方を尊重するならば、製造から流通、消費を経て最後の廃棄に至るまでの、全てのプロセスにおいて製造物責任を果たすことにより、廃棄物ゼロの資源循環型社会を実現するよう求めた用語であり、その意を活かして日本語に翻訳するに当たっては少々長い言葉となりますが、「製造物責任付帯関連サービス」としました。

人間の技術開発がもたらした商品が、人間にとって安全であることを証するため、モノ作りの開発段階から商品の廃棄段階までの商品ライフサイクル（寿命）に関連する全産業が、その商品に関する責任を果たさなければならないことを意味する用語として定義したものと理解しなければなりません。

これは大量生産を前提とする大企業とともに、流通・サービス関連分野においても細かい注意を払い、丁寧に製造物責任と提供責任を果たすべきことを求めているのであり、中小企業を含めて全産業分野を通じる「企業存立承認原則」であることを確認し対応しなければなりません。

しかも資源循環型経済においてはモノ作りそのものよりも、高い成長の可能性を持つ新産業分野として注目され、今後の産業構造の主要分野を構成する「ニュービジネスモデル」（新事業類型）ということができます。

「製造物責任付帯関連サービス」（サービサイジング）を産業構造の変革という面から分

析し、それが雇用を創出し、高い成長性を実現して、明るい将来を創出する産業分野であることを取り上げ、そのバックグランド（背景）を明らかとすることとします。

この事業分野は、今後の日本経済活性化のために施行されることとなった「まち・ひと・しごと創生法」の根幹をなす、しごと創りと重ねて理解すべき新産業分野であり、セグメント（細分化）された成熟経済において、ニュービジネスモデル（新事業類型）を生み出し、「ニューインダストリー」（新産業）を構成することとなる最先端の経営革新と理解することができます。

言い方を換えれば、第三次産業の一端を構成する「サービサイジング」（製造物責任付帯関連サービス）は、今後の日本の、第三次産業の構成要素として新たな産業分類基準を策定すべき広大な産業分野ということができます。

具体的には「モノ作りの前過程」である、デザイン、設計、試作、パッケージング等と、「モノ作りの後過程」である商業流通、物的流通、広告・宣伝、保全、修理、改良、廃棄等とを含めた、商品の全ライフサイクル（寿命）に関する諸機能を果たす産業分野を総称する用語ということになります。

もともとはリース、レンタル、シェアリング（共有）等の「所有しない機能利用」を対象としていましたが、最近ではモノ作りの前と後との全関連産業を包含する用語と理解し、全ての企業に対して「製造物責任」と「提供責任」を課した厳しい不可欠の行動規範と理解するよう求めなければなりません。

製造物責任付帯関連サービスが産業構造を革新する

20世紀初頭、イギリスのコーリン・クラークが指摘した産業構造の進化が現実となり、１９６２年、アメリカの社会学者ダニエル・ベルが「モノ作りから、高度の情報サービスが主流となる脱工業化社会への移行」を宣言したことは、「サービサイジング」（製造物責任付帯関連サービス）が第二次産業ではなく、第三次産業と位置付けられる前提に立つ発想といえます。

これを日本に適用すれば、現在、第１次産業就業者構成比は僅かに５％程度に低下し、モノ作りが重視されながらも第２次産業就業者構成比は30％に止まり、今後はさらに減少を続け、その逆に第３次産業就業者構成比は65％に達し、今後もますますその比率を高めていくものとみることができます。

最近では、産業の構造的変革を受けて、「第2・5次産業」とか、「第6次産業」と呼ばれるような、新産業を指す用語も登場しています。

第2・5次産業とは、製造業とそれに付帯するサービス業を兼ねる業態を意味し、製造業とサービス業が一体化したアパレル業界のSPA（スペシャリティ・ストア・リテーラー・オブ・プライベート・ラベル・アパレル、製造小売業）が、その好例として挙げられました。

本来は繊維産業として、綿・化学繊維・合成繊維等を生産し、その延長線上でアパレル（衣服）製造業、さらに繊維卸売・小売業へと発展してきた業態で、単なる製造業ではなく企画・製造・小売りを一貫するニュービジネスモデル（新事業類型）であり、最近はこの逆に小売業から製造業へと川上に遡上するビジネスモデル（事業類型）も出現しています。

この傾向は売れ行き状況に対応し、売れない在庫を減少させ、「中間流通排除」という形で多くの産業分野に製造・販売兼業の新業態を生み出しているのであり、コンビニエンスストアの自主企画「プラーベートブランド」はその集約版であり、販売量見合の発注を行い、売れ残りを出さない企画力で、究極の流通コスト合理化を実現した新業態といえます。

第6次産業とは、第1次産業の農林水産業とその産品を加工する第2次産業、それを流通・サービスする第3次産業までを包含する用語として用いられ、最初は聞きなれない用語でしたが、今では普通名詞化しています。

就業者数構成比においてサービス業が、65％を超すような事態を受けて、今後、有望と目されている新産業分野は、「モノ作り」より「サービサイジング」（製造物責任付帯関連サービス）であるとする期待が高まり、またサービス産業を新たな基準でグレード（格付）し、新体系化を図るべきであるという発想も出ています。

機械化のみで対応できない労働集約的な作業や、「思いやりサービス作業」や「おもてなし」「きずな」を重視するビジネスモデル（事業類型）を包含した新たな工夫と知恵で対応することが必要となる産業分野といえます。

ある意味では、「脱モノ」発想であり機械作業に見られるマニュアル化が困難であり、需要サイドの希望を受け容れカスタマイズ（顧客向け仕様）し、あるいは提供サイドの思いやり、気配り等を反映した善意（プロボノ）を付加した商品やサービスを提供する新業態分野ともいえるものです。

厳しい標準作業時間が設定され設備投資を行って、労働生産性が競われる「工業生産モデル」とは全く異なる次元の発想で対応すべきであり、今後ニュー・ビジネスモデル（新事業類型）における有望分野と目されていて、その原点はイタリアにあると「中小企業白書」が指摘しました。

イタリアにおいて「インパナトーレ」と云われ定着している業態であり、英語では「オーガナイザー」とか、「コンバーター」と訳され、中小企業を統合し連携させる機能を果たす組織を指すものとなっています。

その代表例がイタリアのコモ湖周辺のアパレルメーカー集積であり、デザイン、染色、機織り、縫製、販売の全プロセスを一貫化する企業連合体を組織し、それを主宰して高級品の契約生産により、世界のファッションを創造する高級アパレル・マーケットを主宰する母体となっています。

もの作りの前工程である調査、設計、デザイン、試作等の「プレサービス」（前サービス）と後工程である出荷、販売、保全、修理、メンテナンス、パーツ補給、使い方教育等の「アフターサービス」（後サービス）を合せて「サービサイジング」の担い手とする見方が今後定着するものと考えられます。

日本においては地域産業の海外進出や低コスト輸入製品に対応するため、１９９７年の「地域産業集積活性化法」において、「基盤的技術産業」として製造業に加えて、デザイン業、設計業、試作品業、機械修理業、ソフトウエア業を挙げ、特に機械修理業について、製品に付帯する保守メンテナンスサービス、補修パーツ提供サービス、消耗品供給サービス等を例示しています。

さらにこの発想を環境負荷低減のための、製品ライフサイクル（製品寿命）関連にまで広げ、製品の製造・販売・流通・消費・廃棄物対策等までを含む一連の産業行動を対象とする、新たな定義が必要とする見解も出ています。

なぜならば最近のゼロ・エミッション（廃棄物ゼロ）をめざす資源循環型産業の位置付けを考慮するならば、これが製品寿命の最終過程として「製造物責任付帯関連サービス」（サービサイジング）の範疇に組み入れられることにより、全プロセスを通じて製造物責任が遂行されることとなるからです。

従来の「環境の３Ｒ」（削減、再利用、再生）に加え最近では、環境破壊につながる経済行動を「拒絶」（レフューズ）すべきであるとされ、さらにノーベル平和賞を受賞したケニヤの故ワンガリー・マータイ女史が日本語の「もったいない」を英訳し、食べ物を「レスペクト」（尊敬）すべきであると指摘したことから「環境の５Ｒ」ともいわれる状況となっています。

それは英語の拒否・削減・再利用・再生・尊敬の頭文字をとって、その重要性を訴えるキャッチフレーズ（宣伝用語）としたものです。

かつて「ダーティワーク」（汚い労働）として未熟練単純労働の対象とされた廃棄物処理業は、今や産業資源の安全な循環システムを実現する高度の専門産業分野を構成し、巨額の設備投資を敢行し、材料技術者、処理機械・装置メーカー及びそのオペレーター（運転者）、材料再生技術者までを擁する、最先端産業と位置付けられ、産業構造の中核をなす産業分野と目されています。

またＩＣＴ（情報通信技術）分野においては、最先端の情報通信システムである「クラウド・コンピューティング」（ネットワーク経由ソフトウエア利用業務処理）の利用形態も、持たないで共用（シェア）する新業態という面から取り上げられ、サービサイジングの一端を構成するものという見解も出ています。

さらにクラウド・コンピューティング」により得られたビッグデータを塊として関連付け、多数の情報処理装置を動かして相互の関連データを大量・高速計算により処理する「ブロックチェーン」（関連情報塊処理網）が「フィンテック（金融・情報融合技術）」として開発され、データ改ざんの防止に活用され、強固な情報システムを構築するところまで進化しています。

成熟経済にいち早く到達したアメリカにおいては、従来のモノ作り分野における重厚長大の「オールドインダストリー（古い産業）」に代わって、経済をリードする新有望産業を「ニューインダストリー（新産業）」と命名し、その登場を礼賛しました。

その主役はシリコンバレーを中心とする「サービサイジング」（製造物責任付帯関連サービス）を構成するソフト産業分野であり、全要素生産性（ＴＦＰ）を高め、世界の産業をリードしてアメリカ経済を担う主役となりました。

このように「サービサイジング」（製造物責任付帯関連サービス）は最先端技術の進化により、無限の可能性を持つビジネスモデル〈産業類型〉と評価されています。

製造物責任付帯関連サービスの展開分野は広い

日本における「サービサイジング」（製造物責任付帯関連サービス）を担う産業分野に

ついて企業規模という面から検討しますと、機械化による効率的供給体制を組み、グローバル競争に対応している大企業では、事業展開が困難な分野であり、内需の成長と安定持続を図るためには中小企業が中心となって、その補完を図ることが不可欠な産業分野ということになります。

あくまでニッチ（すき間）産業分野の小ロットマーケット（小規模市場）を対象として中小企業が事業展開し、大企業の求めに応じ一体となって取り組み、緊密な連携のもとで展開される新たなビジネスモデル〈事業類型〉であり、次のような展開分野があるものと想定されます。

「サービサイジング」（製造物責任付帯関連サービス）は、業態改革の一環をなす部分が多く、プロダクトイノベーション（製品革新）よりプロセスイノベーション（供給システム革新）に近いところで多様な開発が行われ、業態進化に寄与する役割を果たすものと期待されています。

このため業種に業態も含めた新産業分類として整理し、生産系、インフラ系、サービス系の3体系として整理し、中小企業の果たすべき役割を指摘することとします。

①生産系としては、素材原料、素材製品、産業機械等を対象とし、材料倉庫をユーザー

の工場に付設し、使用量を販売量とするサービス、専用機の操作者付きリースサービス、情報機器によるリモートコントロールサービス機能付き機器販売、センサーを組み込んだ産業機器のメーカーによる稼働情報提供サービス等のニュービジネスモデル（新事業類型）の採用が進んでいます。

②インフラ系としては、社会経済基盤である道路・鉄道・港湾・空港関連サービス、ライフラインの電力・ガス・水道等の国民生活空間に関連するサービス、公的サービスの行政手続き、公共施設運用等の関連サービス提供の改革が進み、情報通信技術を駆使したスマート〈高性能〉分野において、利用者の利便性向上とコスト合理化が実現するものと期待されています。

その典型例が水道事業であり、高低差の多い地域への配管・配水は地域の事情に精通し、緊急事態にいつでも対応できる中小企業により保守され、その臨機応変性が低漏水率で世界ナンバーワンとして高く評価されています。

また今後の日本の観光産業として、外国人旅客に対し国際情報ネットワークを活用する予約案内、個別仕様企画提供等により観光サービスの充実を図り、ビジネスチャンスを増加させるものと見込まれています。

③サービス系は、サービサイジングに含まれる移動系、情報系、公共系、金融系等の多様な輻輳する産業分野を包含するものと位置付けられます。

サービス系のうち移動系は、グローバル展開に対応して全世界を対象とするエアカーゴ(航空貨物)、コンテナシッピング(コンテナ貨物船)が正確な時間サービスを実施し利便性を高め、島嶼には小型舟艇配送、内陸僻地には小分け陸上輸送網と配送品引き取りサービスのネットワークが構築されて、迅速対応(クイック・レスポンス)が実現しています。

さらにグローバル・ポジショニング・システム(GPS全地球測位システム)とドローン(無人飛行機)を活用し、小口物流システムの合理化が課題となり、秋田の北斗市が戦略特区域に名乗りを上げていますが、民生用としては解決すべき課題が多いといわれながら、日本流の解決策が図られ小回りの利くシステムが構築されるのは、時間の問題と考えられます。

カーシェアリング(車共有)に伴う乗り捨て車両の交換移動、時間指定のレタル機器の運搬を安全・定時に、地域差のない同一サービスを提供するシステムが開発され、低コストと利便性の向上が図られるものと想定されます。

情報系としては、クラウド・コンピューティング(インターネット経由ソフトウエア活用業務処理）による家庭機器の遠隔操作、スマートグリット（次世代送電網）による家庭電力管理システム、スマホ（高機能携帯電話）の使いやすいアプリ（応用ソフト）開発普及、自動車の自動運転に伴うユーザーの希望に応じた新サービスの提供方法は、すでに自動車を「モバイル機器」の端末とみなすのが世界の主流となりつつあり、様々な活用方法が想定されます。

またタクシーの利用に、革命をもたらしたとされる配車呼び出し、スマホアプリ決済は、その一端で、「カルテル否認ハイテク」ともいわれ、規制緩和による新たなビジネスチャンスの出現に発展するものと考えられます。

公共系の新サービス事例としては、託児、介護、養護等に加え、少子高齢化に対応する家事代行、万屋（よろずサービス）等のサービスも取り上げられ、市場競争の激化が新たなサービスの提供を加速するものと考えられます。

金融系としては、間接金融手続の簡素化、ファンド（基金）創設・格付け機関・ＤＤＳ（株式債務交換）・デリバティブ（金融派生商品）等の規制緩和に伴い新金融サービスが開発され、国民生活においては、キャッシュレスサービスの普及に伴う決済制度の整備が図られ、マイナンバー（国民総番号制度）に絡み本物のキャッシュレス時代の到来も視野に入ることとなるでしょう。

これらの新たなサービサイジング（モノ作り関連サービス）は、経営革新を展開するニュービジネスモデルの出現を促し、内需拡大に寄与する新事業分野と考えられ、異次元のサービス出現を促すこととなるものとみられます。

新たに起業し、あるいは既存企業において、新分野展開、第二創業、転業等に当たり、多角的・長期的観座から進出分野を絞り込み短時間対応と小ロット対応が可能である実現確度の高い分野を選ぶ新業態の出現が一般化し、経営革新により進化する新分野が多発するものと想定できます。

その担い手は量産できない細かな気配りや、かゆいところに手の届く多様な顧客のオンデマンド（需要発生）に対応可能な、マイクロファーム（小規模企業）により担当されることとなるものと想定されます。

すき間市場を活かす小規模企業を創る

創生法により地域にしごと創りする事業分野として、すき間市場（ニッチマーケット）

が極めて実現性が高く有効であり、その担い手として最適であるのは小規模企業（マイクロファーム）であることを確認しましたので、次の課題はその組織方法どうするかが課題となります。

まず小規模企業の創業者には、事業分野に必要な知識と技術を有し、経営意欲を持ち、必要な経営資源を確保し、経営計画を策定して、それを実現できる人財であることが求められます。

安定経営を持続するためには、そのための自問自答を行うチェック項目として、簡単に次の三つの事項を確認するよう勧めなければなりません。

第一に顧客がいますか。第二に何人使用することができますか。第三に資金はいくら投資できますかであり、顧客数の見込みが立つことにより、事業規模が決まり、使用従業員数はそれに応じて決まりますが、使いこなすことができる人数はどのくらいかを、自問自答して確認してみることが必要です。

資金は必要となる事業用設備、材料や商品の在庫額、売掛金回収期間等を考えて必要額を見積もり、投資できる金額内かを確認しなければなりません。

今後の有望分野と目される、サービサイジング（製造物責任付帯関連サービス）の事業化に取り組む場合は、次のような詳細な確認を行い、対応すべきであり、従来の経験業種・業態を超え、新たな事業融合により組み立てられる、ニュー・ビジネス・モデル（新事業類型）を勘案しながら、事業化を進めるよう助言しなければなりません。

①選択事業分野は、負担できる先行投資の限界内で、償却が可能であること。

②人の心理に潜在するウォンツを探索し、顧客の存在が、確認できること。

③提供する製品・サービスについて、品質・コスト・納期において、優位な競争条件を確保できること。

④顧客満足の充足が、事業として持続的発展を遂げられる、基盤条件であることを強く認識していること。

⑤必要な経営資源の調達が、持続して満たされること。

⑥事業活動の展開により、就業者の生き甲斐となる分野を、選択すること（楽しくない仕事を選択しない自由を確保すること）。

⑦全てのステークホルダー（利害関係者）と互恵関係を保つこと。

⑧顧客を失う前に、退出する機会を、決定できること。

⑨事業遂行において「不測の事態」の存在を否定する先見力を持つこと。

⑩自己の能力の限界を知り、無謀なリスクに挑戦しないこと。
⑪提案なき批判を、無視できること（気にせず仕事が進められること）。
⑫絶望も歓喜も、短時間で解消できること。
⑬就業者が、自力で心身の健康を維持できる自己管理力を持つこと。
⑭事業継続期間を想定した事業行動であること（退出時期を決めていること）。
⑮ステークホルダー（利害関係者）への適正分配を織り込み済みであること。

ニッチ市場で小規模企業を切り開くための理論を修め、厳しさを実感する人には、肩の力を抜いて成功している実例を紹介することとします。

地方が開発する「小さな市場サイズの商品」を、愛好する都市住民の小さな市場を見つけて供給する「すき間産業」を担う起業行動が、地方発で始められ「地産地消」から「地産都商」へと発展している事例として四国徳島の上勝（カミカツ）町の「葉っぱ事業」を見てみましょう。

四季の草木から季節の葉っぱを集めて、大都市の高級料理店向けに出荷し、その季節を表わす色彩で、料理の見栄えを良くする「いろどり」に欠かせない材料となり、独占取引を求められているのです。

しかもその供給の主役は、地域の高齢者というおまけまでついていて、マスコミの取材攻めに悩む、羨ましい事例にもなっています。

「そんな、面倒なこと」「そんな、少しの売り上げ」と相手にされない市場であっても、努力して積み上げ、連携して顧客を増やせば、やがてそれなりの大きさになり、企業数ゼロの一つの村落が、有業者の部落に代わり、失業率ゼロとなる可能性も出てきました。

これらのリーダー的役割を果たす人財が、出身地への郷土愛に燃え、郷土の魅力ある経営資源を知り尽くしていて、出身地に貢献したいとする善意によりその役割担うこととなれば、「ふるさと納税」を超え地元雇用と地域付加価値の増加で貢献する「地域創生の主役」となることも期待できます。

好きなことを楽しんでやり、顧客から感謝される楽しさが味わえるから、少しくらい無理をしても「過労死」とは無縁という「好き者」向き事業分野であり、多様で細分化された個人需要にきめ細かく応えて、マイクロファーム(小規模企業)経営を楽しむ醍醐味(だいごみ)をものにしている人たちが、実感する自己実現が地域産業を盛んにする礎(いしずえ)となっているのです。

グローバルニッチトップ（ＧＮＴ）を理解する

ニッチマーケット（すき間市場）は、主として内需において、多様で変動する需要に対応し、商品やサービスを提供する小規模企業（マイクロファーム）の活動領域と理解されていますが、その国際版ともいうべき、「グローバルニッチトップ」の存在を、ドイツのハーマン・サイモンが指摘しています。

彼は、ドイツの製造業の顧客構造を製造業対応ＢｔｏＢ（製造企業間取引）、非製造業対応ＢｔｏＢ（製造業と非製造業間取引）、消費者対応ＢｔｏＣ（製造業と消費者間取引）に３区分し、その取引高構成比に注目しました。

国内シェアは低いけれども、非製造業対応ＢｔｏＢと消費者対応ＢｔｏＣの取引構成比の高い企業が、国際的に活発な事業活動を展開し、世界シェア３位以内を占めていながら、その存在があまり知られていないと指摘し、それを「グローバルニッチトップ」（ＧＮＴ）と命名し、高く評価しました。

日本では経済産業省が、ニッチマーケット（すき間市場）分野において、世界的に頭角を現している企業を「GNT100選」として認定し表彰して、貿易立国の一端を担うことをめざす中堅中小企業行動の知名度向上、海外展開を支援しようと積極的に取り組んでいます。

大企業のGNTとしての条件は、特定商品・サービスの世界市場規模を100億円から1000億円程度とし、過去3年以内のうち1年でも世界シェア20％以上を確保していることであり、中堅中小企業のGNTの条件は、世界市場規模が、1000億円以下で、世界シェア10％以上、中小企業のGNTの条件も、世界界シェア10％を確保することとしています。

認定部門として機械・加工部門、素材・化学部門、電気・電子部門、消費財・その他部門、ネクスト（次の認定候補）の5部門に分け、経営評価指標として収益性、戦略性、占有力、国際性等を採用し、GNT商品・サービスの数、納入企業数、シェア維持期間、販売国数、コンペティター数等の多角的な評価基準を設けています。

このような評価基準はどの項目も、大規模メリットと小規模メリットのいずれかで、対応することにより、そのポジション（立場）を確保していることを示していて、このような観点から、GNT企業のイメージを次のように纏めてみました。

①ニッチマーケットに特化した、特殊専門技術をコア〈核〉としていること。
②強い価格政策を発揮し、高収益を上げていること。
③高い収益力により、安定して良好な労働力を確保していること。
④長い期間持続して、安定経営を実現していること。
⑤日本国内では、地方に立地するところが多いこと。
⑥ハード提供に加えソフト開発を図り、同時提供していること。
⑦柔軟に連携体制を組んでいること（産官公学労金連携、公設試活用等）。
⑧代替技術の出現を予見し、先行開発研究を継続していること。

試みに１００選に認定された企業を見ると、世界シェア70％を誇る「イカ釣り機」メーカーを始めとして、ナノ単位超精密鏡面加工、超極細糸織物製造、即席メン一貫生産ライン等、ユニークなニッチマーケット（すき間市場）が目白押しであり、政府の「クールジャパン政策」を活用し、海外展開を図る中小企業への期待は高まっています。

第3編第2章　「すき間市場にしごとを創る」要点イラスト

すき間市場（ニッチマーケット）

コミュニティービジネス；地域社会向け事業（第1編第2章参照）

サービサイジング（製造物責任付帯関連サービス）の広範な産業分野
；R&D、デザイン、設計、試作、パッケージング、商業流通、物的流通、メンテナンス（保全・修理、改良等）、廃棄（再利用・リサイクル等）金融（リース、レンタル）、シェアリング、広告・宣伝、

（注）1999年アメリカのテラス研究所、ホワイト・アレン等が連邦政府に提出した報告書で初めて用いる。
（注）2007年経済産業省が環境負荷低減に関し「グリーン・サービサイジング」を採り上げ、修理・点検・メンテナンス等により「ゼロ・エミッション（無廃棄物）」を実現し、資源浪費型社会から資源循環型社会を目指す政策を提言している。

担い手＝小規模企業（マイクロファーム）の成立条件と発展プロセス別経営戦略選択

成立条件；①顧客がいますか？②何人雇えますか？③用意できる資金はいくらですか？
事業化初期；小規模スタート　、経営環境の変動に伴う規模選択
事業順調期；市場規模対応伸縮経営、のれん分け、関連企業連携　例.インパナトーレ
事業衰退期；自主的退出（廃業）、第二創業（転業）、退出・創業同時選択実行

地域のしごと進出有望分野

育児支援、介護、家事代行、季節産業、農林水産、学習支援、観光サービス、住宅メンテナンス、よろず相談、自前シェアリング、廃棄物再生等

サービサイジング（製造物責任付帯関連サービス）の経営課題

①サービス分野の顧客満足度把握の困難
TPO（時間・場所・状況）とB2C（企業対消費者取引）・B2B（企業間取引）の多様化によるニュービジネスモデル（新事業類型）の出現
②サービス分野における生産性指標の算出困難
生産と異なる無形性、異質性、同時性、貯蔵不可能性、瞬発性、短期消滅性市場の出現
③サービス提供者資質と受け手の感性ミスマッチによる評価ギャップの出現

サービサイジング（製造物責任付帯関連サービス）のICT（情報・通信技術）による多様な展開

①生産系；素材原料等を工場隣接倉庫から自動供給、専用機オペレーター付きリース、
GPS（全地球測位システム）活用による機器故障把握と自動修繕対応
②インフラ系；交通機関運航受託サービス、ライフライン24時間管理サービス、
コンビニ店端末経由公的サービス提供・宅配荷物引き取りサービス
③サービス系；エアカーゴ状況報告サービス、コンテナシッピングオンライン報告
④金融系；間接金融手続き簡素化、ファンド格つけ自動通知

グローバルニッチトップ（GNT）の条件と支援

◎ドイツのハーマンサイモン定義；世界シェア3位以内で国内に知られていない企業
◎日本では経済産業省が世界市場規模1,000億円以内・シェア10%以上の中小企業を「GNT100選」と認定し表彰。例、世界シェア70%の「イカ釣り機」メーカー
◎政府「クール・ジャパン」政策を活用し、世界市場を目指す中小企業を支援

第３章　しごと創りを展望し提言する

創生法は少子高齢化した日本の直面している、都市集中と地方過疎の問題点に対して、地方に住みよい生活環境を確保し、活力ある日本を創ろうとする政策であり、しかも従来の中央政府主導の政策創りから、地方が主体性を以って政策創りに取り組むことをめざす画期的政策であり、その意義を高く評価しなければなりません。

政策の主体は地方公共団体が地域住民の意を戴し推進すべきであり、政府はそのバックアップに回るべきであるとする方向性が示されてされていて、地域の立案力、実施力が求められ、その具体策の企画が全国の地方公共団体で始まり知恵の見せところとして期待が寄せられています。

厳しい言い方をすれば創生法の活用に名乗りを上げない地域は、既に万全の対応が図られて活性化しているという自信満々の地域を除けば、「成長意欲を欠いた地域」という評価を受けてもやむを得ないものと考えるべきであり、多くの地域が自主的に続々と手を上げ、提言することが期待されています。

各地域は、しごと創りの意義を評価し、すき間市場にしごとを創るために、その働き手となる小規模企業の活動を支援し、その担い手となる人財を確保し、地域に先行投資して地方移住や規制緩和を進めて、一億総活躍環境を創りだし、その成果が成長と分配の好循環をもたらすよう切望して本書の結びとすることとします。

創生法の5原則を理解する

創生法は、従来から日本経済の足かせといわれた岩盤規制を破壊し、省益と利益団体擁護により長期にわたり蓄積された制度疲労からの脱却を図り、世界経済のフロントランナー（先頭走者）をめざすべきことを、明らかとした法としてその意義を高く評価しなければなりません。

従来の政策による制度疲労を、「縦割り、全国一律、バラマキ、表面的、短期的」と認め、これを革新して人口減少の克服と地方創生を確実に実現するために、政府が掲げている創生政策の５原則を、理解するよう勧めることとします。

第一は自立性であり、構造的な問題に対処し地方公共団体・民間事業者・個人等が、自分の問題と自覚し国の支援がなくとも地域が自立して継続する体制をめざし、これに資する具体的な工夫により問題点への対象療法を超えて、その原因の改善・改革に取り組み、人財の積極的確保・育成を求めています。

第二は将来性であり、地方が自主的・主体的に、夢を以って前向きに取り組むことを、政府が支援する施策へと転換し、活力ある地域産業の維持・創出、中山間地域（多世代交流・多機能型の小さな拠点）において、地域の絆の中で「心豊かに生活できる環境」を実現できる仕組みを、創るよう求めています。多数・多様の都市居住者の無干渉・無関心の生活環境から、将来を展望し地域住民の心の交流により、互恵関係の良さが成立する地域生活環境を評価し、安心・安全・安定を共有できる生き方を選ぶよう求めています。

第三は地域性であり、各地域は国が推進する「国家戦略特別区域」を受けて「地方版総合戦略」を策定し、施策を実施できる枠組みを整備し、国は支援の受け手側の視点に立って人的側面を含めた支援を行い、広域連携も可能であるように制度改革を図ることを求めています。

第四は直接性であり、限られた財源や時間制約の中で、まち創り、ひとの移転、しごとの創出を直接的に支援する政策を集中的に実施するために、「産官学金労」（地域住民代表・産業界・大学・金融機関・労働団体をまとめた略称）の連携を促し、政策効果をより高めるよう求めています。

敢えて労働団体を含めた地域の連携を訴えているのは、労働者としての要求ではなく、地域住民としての地域経済活性化を担う人財として、参画と貢献を求めた従来にない期待を込めているものと理解できます。

地域政策に関連する全ての住民の求める、良好な生活環境を整備するために、産学官連携を超えて金融・労働団体を含めた全てのステークホルダー（利害関係者）が参画し、行政の縦割りを超えて地域経済に直接寄与するように、幅広い対応方法の展開が可能となる仕組みを作ることを期待しているのです。

第五は結果重視であり、明確なＰＤＣＡ（計画・実行・検証・行動）サイクルを回し、短期・中期の具体的な数値目標を設定し、政策効果を客観的な指標により検証し、必要な改善・改革を推進するよう求めています。

これらの原則は、従来の政府依存中心の画一的・一過的政策を、抜本的に修正し、地域が主体となり地域特性にマッチする政策として組み立て、地域の責任において実効性のある成果がもたらされるよう、努力することを求める制度であることを明示しています。

バラマキを先行投資に変える

日本の経済政策に、創生法が加えられることとなったのは、従来の補助金のバラマキ政策による制度疲労の呪縛から脱却し、大胆にして壮大な「先行投資」を展開する経済革新政策を展開するタイミングが到来したことを受けた結果と理解すべきであり、画期的な局面を迎えて極めて有意義な方向が選択される時代に入ったものとして、その実現に取り組まなければなりません。

日本の財政問題解決のためには先端技術を開発し、高付加価値製品を供給して経済を成長させ、国債を償還できる国家をめざすべきであるとする専門家と、過度に膨張している歳出を削減して国債償還に充てるべきであるとする専門家との間に論争が賑やかとなっています。

これこそ過去の「産業界のボス」と「政界のドン」による権益争奪の仮装的民主主義政

治から脱却し、真に国民の安心・安全・安定を図る公益民主主義国家を築くために、産業界の社会貢献使命感と政界のクリーンな政治を目指す使命感とが融合化し、画期的新政策が誕生した象徴的転換ということができます。

理論ではなく、経済の実態から考えれば、必要な消費に見合う供給が図られ、国民が安心・安全・安定感を保てることが必要ですが、それを抑制して短期的に国債の償還に充てようとすれば経済縮小の罠にかかり、国民の不安感・不満感・閉塞感が増幅して、ますます閉塞感を高めることになります。

その反対に新技術開発で高付加価値製品を輸出して高収益を上げ、国債の早期償還を図るべきであるという見解も、グローバルな競争条件のもとでは、日本の技術が世界を相手にそれだけの活力を発揮できると考えるには無理があり、さらに国際間の調和を考えるならば一方的要求を突き付ける先進国のあるまじき行動と、国際的批判を浴びなければならないこととなります。

この狭間にあって公益を重んじ、真の民主主義国家の持続を目指す産業界と政界が、日本経済のめざすべき方向として創生法を策定し経済の安定をめざす方向を選択したのであり、その実現を国民は渇望しています。

産業界に社会貢献が求められ、経営情報の開示と内部統制の縛りが働き、政界もクリーンな行動が求められ、小選挙区制への移行と相俟って、かつての政界のドンによる「派閥」解消が同時進行し、今や本物の経営と政治が日本を改革する時代へと進化を遂げています。

したがって「最先端の社会主義国家」と揶揄された日本が、緩やかなインフレで名目所得を少しずつ増やし、増加した名目所得から国債の償還を進める長期的対策を採る以外に、国民を安心させる途はないということになります。

社会保障制度をナショナル・ミニマム（最低限生活基準）に抑制し、将来において付加価値の増加を確保できる、「先行投資」を敢行して国債の償還を進め、均衡のとれた財政状態を作り出す方向が、漸く国民の合意を得ることができる状況となりました。

このため補助金の受け手である企業及び交付金の受け手である地方公共団体が、従来経験したことのない新たな発想で、対応を図らなければなりません。

企業は社会貢献することによりその存立を認められるのであり、国家財政からの補助金や給付金に依存しなければならない経営を持続することは、本来は企業としての存在を認められないことを自覚し、自助努力による解決を図り国の運営費用である歳出に対応する租税を負担し、国家財政の安定を図ることを当然とする発想を確立させなければなりません。

したがって厳しい日本の財政事情を熟知している企業は、ベンチャーキャピタル、投資ファンド等からの出資を受け或は銀行・信用金庫・信用組合等の融資を受けて、自力で収益を計上してキャッシュフローを確保すべきであり、国や地方公共体の補助金等に依存して不足する収益を補填するような経営では国債の償還は不可能であり、その責めは全て企業に課すべきものとなります。

「当業界は補助金が、雀の涙」と訴え、補助金引き上げも求めようとする業界に対してはその依存心を払拭することにより、補助金を要しない企業として経営革新を図り、社会貢献企業となることにより、その存立が許されるものであれることを訴えなければなりません。

国の補助金制度は、経済的弱者である産業分野の企業によって、雇用が維持され需要に見合う供給・提供が行われることに寄与していることを評価して、国としてその存在を維持する必要性を認めて行っているものです。

したがってそのタイムリミット（許容期間）は、あくまで自立できるまでの一定期間に限られる支援措置であり、その期間が到来すれば収益を計上し税を納付して社会貢献できる企業でなければなりません。

そのような一端として商店街が夜間通行人のための、地域の安全確保に寄与していることや、点灯しなくなった街路灯の取り換えの世話をしている町内会のプロボノ（社会公共善）行為に対する謝礼として、ソーシャルミニマム（社会最少補填）で対応することの財源が容認されるのであり、それが事業経営の不振を補填する財源とするような社会通念は是正されなければなりません。

また地方税と国からの交付金等に依存する地方公共団体に対しては、税収を大幅に超過する歳出の削減を図り、地域行政機関の責任において将来の返済が確信できる事業を集中的・重点的に展開するため先行投資を行うことが認められるものであることを理解し、予算執行に当たらなければなりません。

創生法の意義は、従来の政策とは異なり中央政府と地域、民間が共同して取り組み、地域小規模企業（マイクロファーム）の活力を引き出し、内需の振興に寄与し、地域経済を豊かにして地域住民の満足度を高め、世界に寄与する日本のグローバルな経済政策を実現することにあります。

このため従来のバラマキと云われた補助金とは異なり「財政支援」を行うに当たり、その交付基準として挙げられている次の3点について特に意識して対応するよう求めることとします。

第一は地域創生を行う事業主体が整備され、その任に当たる人財構成が的確に事業遂行を行いうるかを確認し、不足する場合には地域の要請により中央府省庁より人材を派遣して軌道に乗るよう支援することを明らかとしています。

第二に既に行ってきた事業の不備を補い、それを是正できるような施策として展開可能であるかにつき、実行可能性と妥当性を確認することが必要です。

第三にその取り組みが、成果を上げて優良事業として他の地域で適用できるようなプロトタイプ（標準）となるものであることを求めるとしています。

しかも各地方公共団体に対して「地方版総合戦略」にマッチする事業として、明確な数値目標を定めて新型交付金を申請するよう求め、政府はその取り組みを斬新で革新的なプランであるかを判断し配分額を確定するとし、翌年度以降はその計画進捗度を検証し、配分額を改めて決める厳しいものとしています。

一億人の国民を擁する先進国として地域市場に先行投資し、内需拡充の成果が日本国民に安心・安全・安定感をもたらし、国債依存国家からプライマリーバランス（歳入歳出均衡）を保てる国家へと革新するエポック・メーキング（画時代）な政策となることを目的としているものと理解しなければなりません。

地方移住支援でしごとを創る

創生法は、人口減少問題に対し、２０６０年度に1億人の人口を確保し、東京一極集中の是正のため、現状年間東京圏への10万人の入超を、２０２０年に6万人に減らし、さらに東京から地方への新しい人の流出を4万人増加させ、東京への人口流出入を均衡させようとする、遠大な計画を基本目標に掲げています。

また今まで取り上げられることのなかった政策として、アメリカで普及している「継続的ケア付き引退者社会（ＣＣＲＣ）」制度を日本に導入し、首都圏の元気な高齢者が、希望して地方に移住し積極的に就労しあるいは社会活動により地域社会の多世代と協働して地域を活性化させ、医療・介護が必要な場合は継続的にそれを受けられる制度として設計するよう求めています。

国民の基本的人権として、経済的自由権である住居地の選択が認められているにもかかわらず、放置しておけば都市集中、地方過疎が益々進行し、人権の存立を冒しかねない事態を招くものと判断し、敢えて不当干渉と非難される可能性のある問題点を、先送りせずに、日本の将来を読んで、提言しているものと考えられるのであり、従来は考えられなかった政府の姿勢といえます。

ここに長期的展望に立った政策を、訴える政府の危機感を日本国民として共有し、最善の選択として政策の意義を理解しなければなりません。

この逆に、むしろ過疎地域の人口を都市に集中させ、効率性を高め国民の経済生活の平等性を確保すべきであるという見解もありますが、環境破壊、画一的生活パターン等がもたらす、人間の住むべき場としての妥当性を慎重に検討すれば、政府が「痛みを伴う課題解決」を敢えて訴えていることを評価し、反対のための反対を、封じ込める国民の良識に期待しなければなりません。

さらに若い世代が「安心して、結婚・出産・子育てできる社会」が、達成できる可能性を、２０１３年度の19％から40％以上に高めるよう計画し、第一子出産後の女性の継続就業率を２０１０年38％から55％に高めるよう計画しています。

該当者にすれば、政府にそんな権限があるのかと、声高に叫びたいところでしょうが、そうした批判を意識した上で、政府として何とか改革しなければならないとする政策目標を、国民の理解を得るために分かる指標値で示したものであり、それだけに創生法に込めた意気込みを真正面から公開した政権党の責任ある意欲の表明と受け止めるのが筋と考えられます。

また長期ビジョンとして、２０１５年から２０１９年度の５カ年間の主要業績評価指標（ＫＰＩキー・パフォーマンス・インジケーター）の中に、地方移住の斡旋、企業の地方拠点強化、男性の育児休暇取得率、既存ストック（中古・リフォーム）等の数値目標が立てられそのための主な施策が列記されています。

これらは、従来の一時的バラマキのような交付すればお仕舞いではなく、先行投資により企業の将来にわたり雇用増加、付加価値増加が可能となる支援を行い、結果として地域経済の活性化実績を上げ、増加した付加価値で先行投資を償却し回収できることが条件と考えなければならない案件であり、関連する地域支援政策として、次のような多彩な展開策が組み込まれています。

①企業が本社機能を強化して地方事業所の新規雇用を図るため、東京23区の本社を、地方に移転した場合に対し、「オフィス減税」「雇用促進税制」を適用する大胆な税制政策を

組むものとしています。

②地方企業の創業を促すため創業スクールを全国各地で開催し、創業者に対して店舗借入費、設備費の補助を行い、それが将来の安定した地域産業として地域雇用、地域経済に寄与する先行投資となることをめざしています。

第二創業者（既存分野廃業・新分野挑戦者）に対しては、先行投資が不成功であった場合の、廃業コストを含めて費用補助を行うことを認め、将来の先行投資としてリスクに挑戦することをめざすよう求めています。

③「官公需法」を改正して創業10年未満の中小企業に、官公需への参入を促進し、これが地域企業として将来において地域貢献を果たすための、先行投資であることを明らかにして地域産業の形成に寄与することをめざすよう求めています。

競争力のある新製品開発、オリジナリティのあるデザイン開発に対し、プロジェクトごとの3年間補助金支援、一般の研究開発費用補助率の年次別引下げ支援、専門家の目利き力活用のシーズ発掘調査、シーズ活用研究開発費用の補助等一律支援から開発成果を勘案した多様な補助率を用意し、単なるバラマキは終わり先行投資への支援を強化することを示唆しています。

⑤農林水産業の成長力推進のため、６次化産業戦略策定、新商品開発、販路開拓、先端技術活用輸出システム構築、グローバル展開食物工場操業実証、食品製造業との連携開発、食文化の海外展開、農業・林業・水産業の担い手育成研修費等を例として挙げ、多分野にわたり多様な先行投資を展開する方向性を示唆しています。

この中でも農産物の栽培・処理・保管・輸送までの全プロセスにおける食の安全、環境保全、労働安全を図る「農業生産工程管理（ＧＡＰ、グット・アグリカルチュアラル・プラクティス）」については、実験項目策定・実験記録保存・点検・評価による継続的改善を推進し、将来の食品輸出のための準備行動として国際基準への適合を図る先行投資を強く意識した政策支援をめざしています。

⑥観光面では、地域観光関係者の連携による「広域観光周遊ルート」・「観光地域創り体制（ＤＭＯ、ディスティネーション・マネジメント・マーケティング・オーガナイゼーション、目的管理市場組織）創りをめざして多様な支援策を展開し、旅行収支・インバウンド（訪日外国人）による観光消費等のサービス収入によってＧＤＰ（国内総生産）の増加をめざしています

さらに宿泊事業経営者対象のｅ－ラーニング、宿泊事業の経営に関する「体系的教育訓

練プログラム作り」等の支援政策が観光庁により行われ、観光業振興のための先行投資が認められることとなります。

⑦地域ブランド制度を活かした「ふるさと名物開発」「海外ブランド開発」「地域ブランドの知的財産権取得」等にも、先行投資として支援することを明らかとしています。

⑧地域人財確保のための都道府県「プロフェショナル人材センター」「地域しごとセンター」の設置、研修付き採用、複数事業者共同による人財育成（例、出向者交換）、カイゼン活動指導者派遣等の人財確保対策支援制度への先行投資等の地域人財育成に関して今後の課題を詳細に挙げています。

規制緩和によりしごとを創る

創生法とともに、経済のグローバル化に対応し、世界への貢献をめざすべき日本が、他の先進国から規制緩和と国内市場開放を求められていることに対応し、その実現を図るため、「産業競争力強化法」（以下「競争力強化法」と略称します）を制定したことは、しごと創りに寄与する政策として、当を得た政策として高く評価しなければなりません。

競争力強化法は、「日本再興戦略」に則り、産業の国際競争力強化のために、分野横断的に規制改革推進、産業の新陳代謝促進及びその他の関連施策を5年間の「集中実施期間」を定めて担当大臣をおき、実行計画を確立して推進することとして取り組んでいる政策です。

さかのぼれば１９８０年代の日本の高度成長に対しアメリカが示した規制緩和圧力への対応策として作成された「前川レポート」が、漸く陽の目を見ることとなる大決断であり旺盛な政策意欲の表われとして世界にアピール（訴求）し、世界先進国としての評価を上げることとなるものと想定されます。

規制改革に関して早期改革への突破口となる制度として「企業実証特例制度」及び「グレーゾーン解消制度」を取り上げています。

「企業実証特例制度」は、企業自ら主体性を持ち、新事業への取り組みと規制の代替措置をセットとして実施提案し、これを政府が受け容れ関係大臣により認定する、民間提案をベース（きほん）とする画期的な制度として採用されたものであり、これも長い間の懸案の解決をめざす政府の積極的な意欲の表われと理解できます。

「グレーゾーン解消制度」は、新規事業分野で規制の適用があいまいで企業が事業開始に萎縮しがちであることを是正するため、個別事業ごとに関係大臣が連携して適法であることを明確にし、新事業開拓への取り組みの促進を図る従来にない新たな産業政策であり、省益の確執を低めて無効化し世界経済との調和をめざす取り組みとしたものであり、高く評価されています。

従来は、複数の府省庁にまたがり不明瞭であった課題を、個別事業ごとに迅速に解決しようとする、新たな画期的な規制改革施策といえるものです。

さらに競争力強化法が採り上げた「産業の新陳代謝」に関しては、従来から採られてきた経営革新による新分野展開支援政策に加え、顧客を喪失した産業分野に対して政策的妥協策として設けられた補助金等（補助金・助成金・交付金・給付金・委託金等）による企業延命政策の是正を明確にしました。

さらに規制緩和を国の責務と事業者の責務に分け、産業の新陳代謝を促す業種横断的支援制度として強力に推進することとし、労働力不足に備えて退出産業分野の就業者を、新産業分野に移動させ活用する制度へと転換することを明記しました。

その上、国の責務として事業者による設備投資、事業再編を促す環境の整備、過剰供給・過当競争等により、事業再編が必要な分野を調査し公表し、問題意識を共有して業界問題でなく、日本の国家課題であることを鮮明にしました。

自由競争社会のもとで事業行動に対する政府の法規制を避け、残存する市場に活きる企業と供給過剰や過当競争により事業再編が必要な企業との並立分野についてその実態を公表することに止め、事業の存続の可否を事業者の選択に任せることも明示することとしました。

また産業の新陳代謝に関する事業者の責務を、先端設備購入等の積極的投資への取り組みと、低収益分野の改善・撤退その他事業再編への取り組みとを明記し「進むも退く」も事業者の判断によることとして、補助金制度への依存が好ましくないことを鮮明にしました。

これにより「限界企業」とか「植物企業」「ゾンビ企業」等と指摘されてきた、厳しい事業環境に置かれている衰退分野の企業の方向選択に関しては、事業者が自主的に判断するよう求め、問題点を先送りし放置する従来の政策に大胆なメスを入れ、即決を求める姿勢を明らかとしました。

また産業の新陳代謝に関して、ベンチャー投資の促進、事業再編の促進、先端設備投資の促進を挙げ、関連施策として税制措置についても今後の拡充が期待されるものであることを明らかとしています。

自前人財育成でしごとを増やす

創生法によるしごと創りを実行する担い手である小規模企業〈マイクロファーム〉は、その実行に不可欠な経営資源である人財を確保しなければなりませんが、それは政府の雇用政策を活用することにより達せられる課題であるよりは、短期的にはむしろ企業者の自主的努力により現状の人財活用を継続し、自前で人財育成を行わなければ解決できない課題と考えなければなりません。

政府は内閣府、文科省、厚労省、経産省を通じ、公正・公平な就業環境が維持されるように支援し、人材育成にも強力な支援を行っていますが、その具現化には少なくとも最短5年程度が必要となる長期的課題と考えるべきであり、当面必要な対策は自企業独自で対応を図らなければならないからです。

しかも就業機会の確保は求職側の求める就社条件と求人側の求める仕事能力・労働対価条件について、あくまで双方が合意して成立するものであり、その間にギャップ（差異）

が発生すれば、安定的に持続出来ない課題だからです。

求人側の労働条件への不満と求職側の求める能力・待遇条件との不一致は、当然に存在するものであり、このギャップを埋めて就業関係が成立しているのは、双方の妥協の結果であり、ここにその整合性を見出し、双方が努力して対応することが求められものと考えるべきです。

求職側の努力とは、冷静に自己能力を認め、さらに向上をめざすための学習を続け、就業者としてのエンプロイアビイティ（雇用される能力）を高め、自身の適正にマッチする新たな就業機会を見つけ転身するか、或いは現在の就業条件の中で、その改善をめざして努力し成果を上げて、それが求人側の評価を得て就業条件の改善に結びつくことを期待する以外に途はありません。

問題は求人側に求められる姿勢であり、ここでは自前人財育成が最も課題解決に結びつき成果を上げるものであると提言することとします。

第一に日本の経営活動のグローバル化による海外生産拠点の増加が、国内における人材育成の場を減少させ、その結果、海外工場がカイゼンの主役となり、国内工場の生産現場は遅れをとり、「マザー工場」（海外進出の拠点技術工場）としての優位性を喪失し、日本の得意とするモノ作り力が低下していると危惧する指摘が出ています。

しかしながら、これは失望すべきことではなく進出現地の雇用を増加させ、日本のカイゼンを活かして生産性を向上させ進出国経済に寄与して、先進国としての責務を果たし国際貢献しているのであり、胸を張るべきことと考えるよう求めなければなりません。

しかもこの結果が日本の所得収支を押し上げ、貿易収支のマイナスをカバーして日本の国際収支に寄与しているのです。

第二に人財採用に関し、従来の欧米における「職務型」に対し日本は「養成型」であり、養成コストと養成期間の時間ロスが国際競争力を欠くと指摘し、日本の欧米職務型への修正を求める見解が強くなっていましたが、この点についても再検討する必要があります。

なぜならば技術革新が緩やかな進度であった従来の状況と、激変ともいうべき経営革新が短期間で繰り返される現況とを比較しますと、採用対象者の技術力の劣化が進み職務型の採用ではジョブミスマッチ（仕事能力不整合）が起こり、必要人財を確保し難くなっているることに配慮しなければならない状況となっていることに配慮しなければならないからです。

このため必要人財を採用して企業サイドで養成する従来の日本型採用方式が、望ましいとする企業が増えつつあるのが昨今の実態であり、自社内で人財育成を図らざるを得ないのであり、こうした現実を直視することが求められます。

第三に学習方法が多様化し、就職後においてエンプロイアビリティ（採用条件適応）を図り、就学機会を自ら選択する就業者が増加しつつあることにも注目しなければなりません。

このように求人企業と求職人財との双方に発生しつつある、就業機会選択肢の多様化のための新たな動きの具体例を挙げ、創生人財育成の参考に供することとします。

①建設業業界では大工や鉄筋工等の不足と高齢化に対応するため、自社負担で訓練校を設け全寮制の訓練生として受け入れ、２年間程度の理論研修と実務研修を課している事例が出ています。

大手企業ではトヨタのように企業自前で従業員に対する教育訓練を行う「企業内学習制度」を採用しているところが増加しつつあり、今後を展望して望ましい方向であるという見解が強くなるものと想定されます。

②政府が大学を技能専門校とすることを認める新制度の法制化を図り、卒業後直ちに実務に就ける実務能力を付け、学士号も付与する方向を早急に実現するとしており今後の展

開が期待されます。

既にアメリカではオバマ大統領が主導し、ＥＵ〈欧州連合〉でも「ステム」と略称する新たな学習教科を導入する大学が増加しつつあるといわれますが、それは科学（サイエンス）のＳ、技術（テクノロジー）のＴ、工学（エンジニヤリング）のＥ、数学（マスマティクス）のＭの頭文字を採った最新のビジネスに役立つ教科であり、今後の産業教育の最先端を歩むものと目されています。

特に注目したいのは数学であり、最新のシステム屋を自称する文系出身者が作ったアプリ（応用ソフト）に算出不能を示す横文字や、意味のないゼロが表示されるセルが存在するのは、数学で重要であるゼロの意味を理解しない人物が作った代物であり、コピー用紙とインクの無駄使いであることを認めさせ反省を求めなければならないところとなっています。

③「教育再生実行会議」が企業のニーズに対応する実学を重視した実践的プログラムを大学に設け、社会人にもその活用を認めることにより好きな職業に就くエンプロイアビリティ（就業力）を高める方向を設けるべきであると提言しています。

これに対し教育者から「学問の品位を汚すもの」との批判も出ていますが、産業界はそのような声を多様な見解の一つと受け止め、反論するより黙過し着実に実務をこなせる人材を育成しなければ、企業の発展・成長を実現できず、国際競争で劣位に立つ懸念を拭えないことを、声を大にして訴えるべきです。

このバックグランド（背景）には、民間企業の一人当たり人財教育訓練費がバブル経済のピーク時に比べ半額以下に激減している実態を是正しなければならないという、危機感があるものと考えられます。

このように現場の即戦力を具えた人財を企業自ら育成しなければ、技術の陳腐化が進み最終的には技術継承ができなくなるという、危惧すべき事態を実感している関係者が、声を揃え改善を求めるべき命題といえます。

地域マイクロファーム人財育成支援策を提言する

創生法によりしごと創りを担うマイクロファーム〈小規模企業者〉は、その実行に不可欠な人財の確保に当たり、自前の人財育成対策を講じなければならないことを指摘しましたが、本来はこれを一歩進めて政府が人財育成に当たり、経営環境の変革に対応する人材確保が可能となる制度を設けて、創生法と同様に画期的政策とすべきあると提言しなければなりません。

なぜならば日本が直面している財政問題の解決を図り、国民に安心・安全・安定を実感させるためには、就業者に望まれる資質を備えた人財の存在が不可欠であり、そのための人材育成は政府が取り組むべき国家課題だからです。

経営環境の変革は産業構造の変革をもたらし、それにともないその担い手となる企業の伝統的業種・業態分類も激変し、基盤的経営資源である人財の行動基準も革新され、企業の規模も構造的変革に対応することを求められています。

先端技術を駆使し全要素生産性を高める役割を担う人財が、各産業分野に必要な専門技術を学習し、対応することを求められるのに対し、丁寧な気配り・おもてなしのサービス産業分野が小規模企業（マイクロファーム）を中心に展開され、それが就業者の75％を占め、今後さらに上昇を続けるものと見られているのであり、それに対応できる人財の育成は急務となっています。

ここに従来存在しなかった新たな企業人財の質的・量的拡大が起こり、今後の産業を担う人材の育成とそれに対する分配基準の変革がもたらされ、画期的な就業意識の改革と就業構造の革新が進むものと想定されます。

現在、企業規模を決める基準として、従業員数による区分基準が採用されていますが、就業形態の変革を受け正社員、非正規社員のいずれを基準としているかが明確でなく、専門分野に関してはアウトソーシング（外注）による派遣人財も認められていて、人員数基準の企業規模設定は従業員数の定義としては、妥当性を欠いている面があるものと考えられます。

少子高齢化社会において人財確保に苦しむ小規模企業（マイクロファーム）が人財不足を解消するために、雇用関係補助金、給付金等の恩恵に浴してきていますが、政府に設けられている特別委員会の「教育再生実行会議」や「有識者会議」等については、ほとんど関心を持たず、無関係と考えているところが多いと考えられます。

このため、マイクロファームのニーズに基づき、円滑に人財確保が図れる中小企業区分及び職種区分を設定し、採用人財の必要員数と必要人財の資質との二面から、就業の可能性を支援する雇用政策を採用するよう提言します。

具体的には、政府が人財資質別・職種別養成機関を設け、円滑に人財を養成して創生人財の育成必要員数と、育成後に企業が求める資質を具えている員数とのバランスが保たれるように図ることが必要であり、そのような計画は少なくとも5年乃至10年程度の期間を要する課題として取り組み、その間は小規模企業（マイクロファーム）自らの手で、即戦力を求める人財育成を進めなければならないことを既に指摘しましたが、これには訳があります。

これはある意味では、「国立マイクロファーム要員育成学校」と「国立マイクロファーム人財バンク」ともいえるものです。

既に紹介しましたドイツのマイスター制度のように、政府と人財を必要とする企業団体との協創により、制度が運営されることが望ましいものといえます。

その前提条件として就業教育費用の負担を、どう設計するかは極めて重要な課題であり原則的には受益者負担とし、政府の役割は就業教育のシステム設計とその持続を図る必要最小限の範囲にとどめ、隠れた産業助成政策として他の国から批判されるような方法は選択しないよう提言しなければなりません。

高度先端技術等の学習に当たり、実地訓練に必要となる最新鋭の設備の利用が必要となる場合は、できるだけ公設試験所・研究施設等の政府系機関を活用できるように設計し、過度の負担を小規模企業（マイクロファーム）や研修受講者に求めることは避けなければなりません。

その一方で一般的な設備装置のオペレーションやメンテナンスの学習に関しては、研修後の人財を求める小規模企業（マイクロファーム）に提供を求め、必要最低限の費用を支払うとともに、研修修了者を採用するマイクロファームには、その育成費の負担を求めるという、研修費用の相殺制度を設けるようなシステムが有効と提言しています。

また政府の定める研修を受けた創成人財の専門職種能力を検定して、国が資格を付与し「マイクロファーム人財センター」に登録する制度とし、登録者に対してはその技術知識の陳腐化が起きないよう、絶えず一定時間の理論学習と実地研修義務又は実務従事期間義務を課す制度とすることが望まれます。

従来の制度では技術の進歩に対応し、それを習得できる学習を義務付け、制度化している事例は少ないものと考えられますが、その修正もこの制度の設計に組み込むよう提言します。

研修者が技術の陳腐化が陥らないよう、２年から3年程度の期間ごとに、新技術に関する学習機会を設け、それを受講すれば資格が維持できる制度とし、これを「マイクロファーム人財登録センター」に登録することにより、求人企業とのマッチングを円滑かつ迅速に実現できるシステムとすることが望ましいものと考えられます。

このような厳しい研修を義務付けることにより、求人側企業が必要とする専門分野人財を、マイクロファーム人材センターに登録している求職者の中から選考し、両者の合意を得て、マッチング（一致）が成立する制度とすることにより、マイクロファームの人財が確保でき、日本の経済に貢献できる人財教育と人財供給が円滑に進められることとなるものと想定しています。

マイクロファームが、日常業務に即応できる人財を得て、要員不足を解消できるよう、就業促進機関としての機能を果たすのがマイクロファーム人財センターの役割となります。

この場合、人財の資質が保証され、人財供給を円滑にすることをメリットとする企業の求めに応じることに対し、職務能力教育の選択は、基本的人権であり国が立ち入るべきでないという批判が起きることも想定されます。

また、人財不足は大手企業にも頭の痛い問題であり、マイクロファーム向けのみの制度設計は問題であるとの批判も想定しなければなりません。

しかしながら、このような発想がマイクロファーム経営の不安定につながるのであり、国家の政策として容認されハンディキャップ者（障害者）に対しても、国が負担する制度を設けることとすれば、全ての国民に機会を提供できる制度となり、国民の就業機会均等を確保した制度として機能することが可能であると説明することができます。

またマイクロファーム向けと銘打った制度だから、大手企業が活用を図ることは許されないという批判に対しては、その選択こそ就業者個人の基本的人権に基づく選択によるものであると説明して、了解を得ることが望ましいと考えられます。

このような体制を確立するとともに、マイクロファームが求める創生人財に関し、次のような「職種別登録」を付け加え、円滑に就業機会が拓ける、人財流動化システムを人財政策の中に構築することが望ましいものといえます。

①「基幹人財必要企業」として登録し、承認を受けて役員、幹部社員等の基幹人財を、必要に応じ、安定的に確保できる制度とすることも可能となります。

この対象職務として「経済センサス」活動調査の産業分類を活用し、創生人財の職種資格体系化を図り、予め登録することにより人財の能力と企業側の求める資質マッチングが、より精度を上げる仕組みとして機能するものと考えられます。

基幹人財の定年退職に備える場合、或は事業の拡大により新たに基幹人財を増員しなければならない場合、国が育成し認定した人財を得ることができることとなり、場合によっては後継者不在による事業承継問題への対応も可能となる制度設計として併用できるようにすることも考えられます。

②「専門技術人財必要企業」として届け出て承認を受ければ、専門技術者を必要に応じ安定的に確保できる制度とすることも、可能となるような制度設計もできます。

この場合も「経済センサス」活動調査の産業分類に必要とされる対象職種を体系化し職種別に資格授与し、必要人財を求めるマイクロファームの申請により、創生人財とのマッチング（一致）を円滑に図るよう設計すれば、求人企業も求職者もそれぞれメリットを享受することができます。

例えば、製造業、建設業、運送業等の現場において、オペレーター要員やメンテナンス要員が迅速に採用でき、サービス業においてはシェフ（料理長）等の熟練者を採用できる機会を確保できる設計が可能となります。

ハローワーク窓口や縁故・知己の紹介で採用し、ジョブカードの提示を受けても、その人財の資質を把握できず期待が満たされないマイクロファームにとって、国の制度として再教育し、検定を終了した人財に与える資格とすれば、必要とする資質を有する欠員の充足が迅速に行えることとなり、安定経営の持続が図れます。

　さらに求人企業の望む専門分野人財の必要数を公開すれば、求職者の専門分野選択に活用できる参考資料となり、専門職種別の必要求人数と希望求職者数のマッチングを図ることも円滑に可能となるものと考えられます。

　優れた制度とされるドイツのマイスター制度についても、職種の見直しが継続的に行われているものの、求職者がどの職種を選択するかを決めることが容易でなく、両親や関係者の助言が不可欠とされていますが、将来に関する決定であり求職者の不安感を解消するのは容易でないと報じています。

　ここに求人側の職種別必要人財数が、事前に発表されるシステムとすれば、求人側の要求を早めに知ることができ求職側が就業の可能性を確認しやすくなり、マッチング（合意）が成立しやすくなるものと考えられます。

　と同時に、これは実質的に欧米の「職務型」採用への移行を促す効果をもたらし、人財活用機会を確保し求職者の資質に対する信頼性も上がるものと期待され、日本のような少子高齢化社会においては人財活用に不可欠な制度であるということができます。

　これにより創生人財の活動の場を拓き、安定した人財確保により企業のめざす社会性を発揮する最適の人財政策が実現することとなります。

1億総活躍が成長と分配の好循環をもたらす

日本の高度成長の終焉とともに、長期にわたり国民が閉塞感にさいなまれている間に、小選挙区制が導入され、政治とカネの癒着が徐々に薄まり、どの政党でも派閥勢力が減衰し、政治家は自己の政治生命維持のために奔走する立場から、国家・国民のためにいかなる政策を提言すべきかを考えそれを実現する「本物の政治家」でなければ「良き選良」となれない時代に入りました。

その結果が、政権党の中で「一強」といわれる政策提案力を生み出したのであり、できれば「協創する数強」となることを期待したいものです。外交では日本の存在を強固なものとする相互防衛協定の成立を果たし、経済外交では、日本技術のトップセールスとして他の先進国の首脳顔負けで、各国へのインフラ輸出に努め、短期間で地球の裏側まで足を延ばす八面六臂（ハチメンロッピ）の活躍を続けて支持率の維持を図っています。

その上さらに内政では少子高齢化から脱却するため、都市集中を是正し地方への移住と希望出生率の向上をめざす政策を掲げ、かつての政権党では考えらない革新政策を次から次へと連続して提起しています。

その総仕上げともいうべき政策として、新たに打ち出したのが「一億総活躍社会」の実現であり、内閣府に担当大臣を置きスタッフを配置して、国民の基本的人権への干渉と批判される可能性もあるような問題の解決策まで採り上げ、特に世界的課題となっている格差問題に真正面から取り組み、「成長と分配の好循環構築」を掲げて先進国の課題解決の一番乗りをめざす意気込みです。

従来は既存の古い慣行を容認する政界と産業界が妥協し、足して二で割る式の決着で先送りして「岩盤規制」と揶揄されるような政策を温存していたのに対し、実態を直視し、万難を排して抜本的に革新しなければならないと訴え、国民の理解を得ると同時に海外からも評価を高めているのです。

しかもそれを国民に覚えやすく理解しやすい「３本の矢」として簡潔にまとめ、全てに数値目標を付けて、第一の矢では「希望を生み出す強い経済」としてＧＤＰ（国内総生産）６００兆円目標、第二の矢では「夢をつむぐ子育て支援」として希望出生率１・８、第三の矢では「安心につながる社会保障」として介護離職ゼロを掲げています。数値目標は未達成の場合、政策としての有効性を失う危険な方法であることは明らかですが、それでもあえて目標に掲げたことは、このまま放置を許されない決断者としての姿勢を明示したものと評価しなければなりません。

その上当面の緊急対策として、取り上げるべき優先順位の高い政策をまとめて、第一の矢については、税制改革による投資促進・生産性革命、最低賃金年率3％程度引き上げにより全国平均1000円、女性・若者・高齢者・障害者の就労支援、地域の付加価値創造力強化として中小企業の生産性向上・新事業促進、農林水産物輸出拡大、観光振興等の具体策を示しています。

同様に第二の矢の緊急対策として、結婚子育て実現の基盤となる若者の雇用安定・待遇改善、子育て負担の解消、出産・子育てのための働き方改善、出産後の就業可能な保育サービス充実、子育て支援の3世代同居・近居環境づくり子供の教育支援としての「所得連動変換型奨学金制度」導入、子育て困難家庭への「自立応援プロジェクト」の推進等きめ細かな具体策を盛り込んでいます。

第三の矢については介護サービス付き高齢者住宅整備の前倒しによる50万人以上の確保、介護サービス提供人財の育成・確保・生産性向上、介護相談機能の強化、介護休業・

休暇可能な職場環境の整備、元気で豊かな健康寿命延伸に向けた機能強化、社会参加に生きがいを見出す高齢者のための多様な就労機会の確保・経済的自立に向けた支援等、相当深い踏み込みをしています。

これらの緊急対策とされた政策の実施を図るためには、当面の緊急といいながら、相当長期の対応を必要とする案件ともみられるところが少なくないのであり、新たな法制度の整備、政策の適正な普及・啓蒙、適正な実施体制の確立等の課題を克服することが求められるものと考えられます。さらに従来の計画策定と異なるところは、その実行度を確認する指標として「リサース（地域経済分析システム）」を導入し、「産業マップ」「観光マップ」「人口マップ」「自治体比較マップ」等を作成し、地域総合戦略の実行成果と検証することとしていることです。

従来ですと総論賛成、各論反対で決め手を欠き、線香花火に終わった流れが、国の総力を挙げ世界とのハノモナイズを図るタフネゴシエーター（頑固な交渉者）のリードにより、着実に実行され、最も早く少子高齢化社会入りし世界経済の混乱の元凶と懸念された日本が、この困難な課題を解決し、後追いする先進諸国の経済モデルとして、世界の範となることを心から期待するものです。

創生法の５原則

- 第１　自立性；地方公共団体、民間事業者、個人が地域自立を目指す。
- 第２　将来性；地方が将来の心豊かな活力ある生活環境創りに取り組む。
- 第３　地域性；地域が地方版総合戦略を策定し、国はそれを支援する。
- 第４　直接性；財源・時間制約の中で「産官学金労」連携し効果を上げる。
- 第５　結果重視；短期・中期の数値目標を設定、政策効果を検証する。

バラマキ批判から先行投資成果確保へ

①制度疲労	制度活用	②利権政策	クリーン政策
③全国一律	地域独自	④縦割り	横断的
⑤限定地域	広域地域	⑥規制強化	規制緩和
⑦産学連携	産官学労金連携	⑧文章目標	数値目標
⑨補助金頼み	補助金不要	⑩短期的	長期的

数値目標設定

地方移住によるしごと創り

①東京圏年間10万人入超を6万に、地方への流出4万人増加

②継続的ケア付き引退者社会（ＣＣＲＣ）制度による元気高齢者の地方移住

若い世代の子育て、出産女性の継続就業

①若い世代の「安心子育て社会」形成；2013年度19%を40%に上げる

②第一子出産女性の継続就業率；2010年度38%を55%に上げる

主要業績評価指標設定　ＫＰＩ（2015-2019年）

①地方移住の斡旋　②企業の地方拠点強化　③男性の育児休暇取得率

④既存ストック（中古・リフォーム）等の数値目標

規制緩和によるしごと創り

産業競争力強化法による国際競争力強化課題；①分野横断的規制改革　②産業の新陳代謝促進　③5年間の「集中実施期間」の担当大臣任命

「企業実証特例制度」；民間企業の主体性による新事業取り組みと規制の代替措置セットの実施提案及び政府の関係大臣認定の画期的規制緩和制度のスタート

「グレーゾーン解消制度」；新規事業分野に対する規制の適用の曖昧さによる事業開始の萎縮を避けるため、個別事業毎に関係大臣が連携し適法を明確化

自前人財育成による一億総活躍の場創り提言

◎技術革新の進化に対応し、最先端技術を確保するためには、欧米のジョブ型人財導入と合わせ、企業自前育成が必要であると云う考え方の下で、地域創生の実効性発揮に向け、国が小規模企業活用の「国立マイクロファーム要員育成学校」を設け、定期的研修・資格認定で、最新技術の継続的教育を行う制度が必要と提言する。

◎一億総活躍実現のために、地域小規模市場の開発で緩やかな成長を目指し、長期的に財政の健全化を図るべきであり、世界に少子高齢化対応の政策モデルを示すべきである。

用 語 索 引

著者略歴　新井信裕（あらい・のぶひろ）

1961年、慶応義塾大学経済学部卒業、三井金属鉱業勤務
1966年、通商産業大臣登録中小企業診断士試験合格、新井経営戦略研究所創立主宰
1999年～2009年、関東経済産業局認可アイ・コンサルティング協同組合理事長就任。この間、中小企業庁、大蔵省、厚生省、林野庁、水産庁、東京都等の委員歴任
1997年、日本経営診断学会理事
2002年～2006年、日本経営診断学会　副会長２期
2006年、日本経営診断学会顧問就任
1986年、社団法人中小企業診断協会理事就任。以来、東京支部長、常任理事、副会長を歴任
2009年、社団法人中小企業診断協会会長就任
2011年、任期満了退任、顧問就任
1988年、中小企業庁長官表彰。1994年、東京都都民功労賞。1996年、黄綬褒章受賞。1999年、通産大臣表彰受賞。2006年、旭日小綬章受賞。
著書『マネジリアル・コンサルテーション』『中高年活用人事戦略』『経営戦略百科』『国際化経営診断ハンドブック』『コンサルティングイノベーション』（共著）『中小企業再生術』『現代経営診断事典』（共著）ほか

ニッポン創生《そうせい》！
まち・ひと・しごと創《づく》りの総合戦略《そうごうせんりゃく》

2016年7月21日　第1刷発行

著　者　新井信裕《あらいのぶひろ》
発行者　落合英秋
発行所　株式会社 日本地域社会研究所
〒167-0043　東京都杉並区上荻1-25-1
TEL　(03)5397-1231(代表)
FAX　(03)5397-1237
メールアドレス　tps@n-chiken.com
ホームページ　http://www.n-chiken.com
郵便振替口座　00150-1-41143
印刷所　中央精版印刷株式会社

ISBN978-4-89022-184-4

日本地域社会研究所の好評図書

農と食の王国シリーズ

山菜王国 ～おいしい日本菜生ビジネス～

中村信也・炭焼三太郎監修／ザ・コミュニティ編…地方創生×自然産業の時代！山村が甦る。大地の恵み・四季折々の独特の風味・料理法も多彩な山菜の魅力に迫り、ふるさと自慢の山菜ビジネスの事例を紹介。「山菜検定」付き！

A5判194頁／1852円

心身を磨く！美人力レッスン いい女になる78のヒント

高田建司著…心と体のぜい肉をそぎ落とせば、誰でも知的美人になれる。それには日常の心掛けと努力が第一。玉も磨かざれば光なし。いい女になりたい人必読の書！

46判146頁／1400円

不登校、学校へ「行きなさい」という前に ～今、わたしたちにできること～

阿部伸一著…学校へ通っていない生徒を学習塾で指導し、保護者をカウンセリングする著者が、これからの可能性を大きく秘めた不登校の子どもたちや、その親たちに送る温かいメッセージ。

46判129頁／1360円

あさくさのちょうちん

木村昭平＝絵と文…活気・元気いっぱいの浅草。雷門の赤いちょうちんの中にすむ不思議な女と、おとうさんをさがすひとりぼっちの男の子の切ない物語。

B5判上製32頁／1470円

生涯学習まちづくりの人材育成 人こそ最大の地域資源である！

瀬沼克彰著…「今日用（教養）がない」「今日行く（教育）ところがない」といわないで、生涯学習に積極的に参加しよう。地域の活気・元気づくりの担い手を育て、みんなで明るい未来を拓こう！と呼びかける提言書。

46判329頁／2400円

石川啄木と宮沢賢治の人間学 ビールを飲む啄木×サイダーを飲む賢治

佐藤竜一著…東北が生んだ天才的詩人・歌人の石川啄木と国民的詩人・童話作家の宮沢賢治。異なる生き方と軌跡、そして共通点を持つふたりの作家を偲ぶ比較人物論！

46判173頁／1600円

日本地域社会研究所の好評図書

教育小咄 ～笑って、許して～

三浦清一郎著…活字離れと、固い話が嫌われるご時世。高齢者教育・男女共同参画教育・青少年教育の3分野で、生涯学習・社会システム研究者が、ちょっと笑えるユニークな教育論を展開!

46判179頁/1600円

防災学習読本 大震災に備える!

坂井知志・小沼涼編著…2020年東京オリンピックの日に大地震が起きたらどうするか!? 震災の記憶を風化させないために今の防災教育は十分とはいえない。非常時に助け合う関係をつくるための学生と紡いだ物語。

46判103頁/926円

地域活動の時代を拓く コミュニティづくりのコーディネーター×サポーターの実践事例

みんなで本を出そう会編…老若男女がコミュニティと共に生きるためには? 共創・協働の人づくり・まちづくりと生きがいづくりを提言。みんなで本を出そう会の第2弾!

46判354頁/2500円

コミュニティ手帳 都市生活者のための緩やかな共同体づくり

落合英秋・鈴木克也・本多忠夫著/ザ・コミュニティ編…人と人をつなぎ地域を活性化するために、「地域創生」と新しいコミュニティづくりの必要性を説く。みんなが地域で生きる時代の必携書!

46判124頁/1200円

詩歌自分史のすすめ ――不帰春秋片想い――

三浦清一郎著…人生の軌跡や折々の感慨を詩歌に託して書き記す。不出来でも思いの丈が通じれば上出来。人は死んでも「紙の墓標」は残る。大いに書くべし!

46判149頁/1480円

成功する発明・知財ビジネス 未来を先取りする知的財産戦略

中本繁実著…お金も使わず、タダの「頭」と「脳」を使うだけ。得意な経験と知識を生かし、趣味を実益につなげる。ワクワク未来を創る発明家を育てたいと、発明学会会長が説く「サクセス発明道」。

46判248頁/1800円

日本地域社会研究所の好評図書

三浦清一郎著…もはや「待つ」時間は無い。地方創生の歯車を回したのは「消滅自治体」の公表である。日本国の均衡発展は、企業誘致でも補助金でもなく、「義務教育の地方分散化」の制度化こそが大事と説く話題の書！

「消滅自治体」は都会の子が救う　地方創生の原理と方法

46判116頁／1200円

山口典夫著…大物政治家、芸術家から街の人まで…。肖像写真の第一人者、愛知県春日井市の写真家が撮り続けた作品の集大成。モノクロ写真の深みと迫力が歴史を物語る一冊。

歴史を刻む！街の写真館　山口典夫の人像歌

A4判変型143頁／4800円

金岡雅文／作・木村昭平／画…学校も先生も雪ぐみもきらいな少年が、まちをあるいているとピエロさんにあった。ついていくとふかいふかい森の中に。そこには大きなはこがあって、中にはいっぱいのきぐるみが…。

ピエロさんについていくと

B5判32頁／1470円

原忠男編著／中本繁実監修…長年培ってきた知識と経験を生かして、個ビジネス、アイデア・発明ビジネス、コミュニティ・ビジネス…で、世のため人のため自分のために、大いに働こう！第二の人生を謳歌する仲間からの体験記と応援メッセージ。

新戦力！働こう年金族　シニアの元気がニッポンを支える

46判238頁／1700円

宮田美恵子著…あの日、あの時、子どもたちが語った言葉、そこに込められた思いを忘れない。震災後の子どもを見守った筆者の記録をもとに、この先もやってくる震災に備え、考え、行動するための防災教育読本。

東日本大震災と子ども　～3・11あの日から何が変わったか～

A5判81頁／926円

観光庁監修／日本地域社会研究所編…東京オリンピックへむけて日本が誇る土産物文化の総まとめ。地域ブランドの振興と訪日観光の促進のために、全国各地から選ばれた、おもてなしの逸品188点を一挙公開！

ニッポンのお・み・や・げ　魅力ある日本のおみやげコンテスト　2005年―2015年受賞作総覧

A5判130頁／1880円

※表示価格はすべて本体価格です。別途、消費税が加算されます。